「壁」を壊し、「逆境」を乗り越える

世界一シンプルな

人生を切り拓く技術

非行少年から経営者、プロアスリート、
アーティストまで、11万人以上を
指導してきたカリスマ人材教育家

加藤秀視
Shushi Kato

KADOKAWA

はじめに

「自分はもう、今の状況から逃れられないのではないか……」

そう感じ始め、気持ちが徐々に落ち込んでくると、そこから抜け出すきっかけを見《み》出《いだ》すのはなかなか容易ではありません。

「今の状況を変えたい」

「自分自身を変えたい」

もしもそう感じているのなら、まずは冷静な気持ちになって、現状を俯瞰《ふかん》することから始めてみましょう。

仕事環境がどうしても自分に合わず、ストレスをため込んでいるのであれば、心を落ち着かせて一度じっくり考えてみてください。

そもそもあなたは、その仕事が好きなのでしょうか？　やりがいをちっとも感じないのに、「会社を辞めたらカッコ悪い」という固定観念に縛られ、単にしがみついているだけではないですか？

人間関係で思い悩み、苦しい気持ちでいっぱいになっている人もいると思います。

もしそうなら、今ここで立ち止まって考えてみてほしいのです。悩みの種になっている人間関係は、あなたにとって本当に必要なものなのでしょうか？　一緒にいても自分のためにならないのに、〝和〟を乱すのを恐れ、自らの気持ちを犠牲にしていませんか？

将来への不安を抱え、押しつぶされそうになっている人もいることでしょう。

もしもあなたがそんな状態にあるのなら、冷静になって考えてみてください。不安の原因は、いったい何なのでしょうか？　もしかしたら、単に漠然としたものに恐れを抱き、明確な理由もなしに不安を感じているだけではないですか？

こんなふうに、今の自分の状況を客観的に捉えてみるのです。

したくないことを無理に行っているとき、人は自分の能力を発揮できません。当然ながらモチベーションは下がったままです。

そのような状態の中で、すぐに何らかの行動に出られるかというと、なかなかできないというのが現実だったりします。

行動して失敗したら、周りから笑われる……。

思い切って行動することが怖い……。

失敗するのは、絶対にダメだ……。

追い打ちをかけるようにこんな考えが頭に次々と浮かび、「やっぱり無理だ」という思い込みにとらわれ、何もできなくなってしまうのです。

失敗を恐れ、二の足を踏んで行動に出られない人を見ると、私はいつもこう伝えるようにしています。

「誰も、あなたの失敗なんか見てないよ」

実際のところ、自分と関係のない他人の失敗に注意を払っている人などめったにいないのです。


多くの人たちが、根拠のない「思い込み」に支配されてしまうのは、幼いころからの「刷り込み」に原因があると私は考えています。

例えば、親や周囲の大人から「あなたはできない」と言われ続けていれば、「自分にはできない」という思い込みに縛られてしまうのも仕方ありません。

単なる「思い込み」にもかかわらず、多くの人がそれをあたかも「人生の真実」かのように受け止めているのです。

「思い込み」の話をするとき、私はしばしば「犬が嫌いな人」の例を出します。

犬嫌いな人の多くは、小さいころに犬に追われた経験をしています。そのせいで、「犬＝噛《か》む」という思い込みが頭の中に染み付いているパターンがよくあるのです。

この思い込みを解くには、「噛まない犬もいる」という事実を受け入れ、「噛まれないような接し方」を習得することが求められます。それをすれば、ほとんどの人が犬嫌いを克服できるのですが、残念ながらほとんどの人がそれをしません。

「お金を稼ぐ」ことについても、同じ論理が当てはまります。

「お金を稼がなくてはいけない」と自覚している人は、世の中に数え切れないほどいます。にもかかわらず、ほとんどの人たちが「お金を稼ぐのは難しい」と思い込み、苦手意識を持っているのです。

お金を稼ぐのは難しいという思い込みから自由になるには、苦手意識をいったん脇に置き、「お金」について学んで、さらに行動するしかありません。そうすることでお金に対する姿勢を変え、「お金を上手に稼ぐ方法」を身に付けられるのです。しかし残念なことに、実際にお金を稼ぐ方法を学び始めても、行動し続ける人はそう多くありません。


「今の状況を変えること」

「自分自身を変えること」

これらを実現するのは、確かに難しいことのように映るかもしれません。しかし、「犬嫌い」や「お金を稼ぐことへの苦手意識」の克服が可能なように、方法さえ身に付ければ、誰であろうと変化を起こすことはできるのです。

では、具体的にどうしたらいいのでしょうか。

その方法をお伝えするのが、本書の役割です。

今の状況や自分自身を変えていくには、「技術」を身に付けることが欠かせません。

本書では、その技術を3つに分け、**「人生を切り拓く技術」**としてまとめています。

この技術を習得し、実際に使うことで、確実に変化を起こすことができるでしょう。

私がそう断言できるのは、リーダーシップ体得と組織開発を専門とする人材教育家としてこれまでに11万人以上の人たちと向き合い、彼らが実際に変わっていく姿をこの目で見てきたからです。

技術さえ身に付ければ、人は絶対に変われます。

本書を通じて、私はそれを実際に証明していくつもりです。

具体的な内容については、このあとに続く本文の中でじっくりと述べていきます。

その内容に触れながら、「人生を切り拓く技術」を学び取り、今の状況や自分自身に変化を起こしていってください。

今から半年後、1年後に自分自身を振り返り、「変わったな」と実感していただけたら、著者としてこれ以上の喜びはありません。

2023年5月　加藤秀視

世界一シンプルな人生を切り拓く技術

［目次］

はじめに　2

序章

「変わりたい」けど、「変われない」人が抱える3つの原因　15

第1章

「価値観」を入れ替える

①気付きの機会の欠如／「気付き」のタイミングには遅いも早いもない／②良質な情報の不足／大切なのは情報の見極め方／③過去型思考の弊害／「自分は否定されている」と常に思い込む青年／自己分析の重要性

刷り込みと思い込みの罠／過去の価値観に縛られていた自分／スポーツの世界で押し付けられる価値観／必要なのはティーチングではなくコーチング／価値観の再インストール／自己概念の大切さ／一般概念を無視する勇気／自分に合った「価値観」を簡単に見つける方法／脳内シートを有効に

活用するために大切なこと／大学生の頭の中／脳内シートが書けない若者たち／大切なのは自分に質問を投げかけて具体性を高めること／主体性があれば自然と良いサイクルが回っていく／1日1つ、小さな達成体験を積み重ねる／他人には真似のできない能力を身に付ける方法／結局、「できない」のではなく「やりたくない」だけ／「やること」よりも「やらないこと」を決める／大切なのは未来の変化に焦点を当てること

第2章

「習慣」を身に付ける

どうして自分が望むように変われないのか／今の現実を作る「判断」と「選

択」／判断と選択の質は人間関係によって左右される／自分の中にポジティブな要素を取り込もう／自分を良好な状態に保つ「習慣」／悪習慣から距離を置く方法

第3章

「強み」を武器にする

「自分の強み」を知らない人が多すぎる／平均的な「総合力」ではなく突出した「強み」／「自分の強み」さえわかれば、努力は必要ない／なぜ多くの人は「強み」を自覚できないのか／相手の「強み」を見つける方法／その人の「強み」が何に活かせるのかを思い切って伝えてみる／人の強みを

第4章

いつでも「変わり続ける」ためにできること

相手に伝えることのメリット／価値観、ルーティン、強みの関係／過去型思考を捨て去ろう／迷ったときには「脳内シート」に立ち返る／強みは自分を一生にわたって助けてくれる／「努力」というパワーワードには注意が必要／「ピント外れ」になっていないか確認しよう／主体性を持つと人はどう変わるのか／「主体性」と「強み」は切り離せないもの

優れた行動力を発揮するために必要な考え方／幸せな家庭を作るPERMA／PERMAの状態を作れる人と作れない人の違い／PERMAの状態を作る

ために〝推し活〟をするのはアリか？／つらいときにはPERMAの項目を読み返そう／自殺大国日本を変えるために1人ひとりができること／達成経験の蓄積がPERMAの状態を作り出す／変わろうと思えば、人はどこまでも変わっていける

おわりに　168

序章

「変わりたい」けど、「変われない」人が抱える3つの原因

①気付きの機会の欠如

変わりたいけど変われない……。

多くの人たちがこう悩むのには、実は3つの原因があります。

「人生を切り拓く技術」について説明していく前に、これらの原因を紹介し、自分自身に該当する点がないか、振り返りをしてもらおうと思います。

まず1つ目は、**「気付きの機会の欠如」**です。

身の回りにはいくらでも現状を変えるためのポイントがあるはずなのに、実際にそれらに気付ける人はあまり多くはありません。ほとんどの人が、ポイントに気付かないままやり過ごしています。

では、どうして「気付き」を得ることができないのでしょうか。

その理由は、日々の生活に流されて、同じことを繰り返しているからです。

朝起きて会社に行き、仕事を終えて家に帰ってくる――。

ぼんやりと同じ毎日を繰り返していては、何かに気付こうとしてもなかなかそのタイミングはやってきません。

自分は今、良い状態にあるのか、悪い状態にあるのか。それさえ気が付かず、ひどいケースでは、自分が病気にかかっていても気付きません。

身体的な病はもちろんのこと、心が病んでいるのに気が付かず、惰性で通勤を続けている人もいるくらいです。

ちなみに、本書でしばしば使われる「良い状態」という表現は、**先入観なく素直に物事が見られ、前向きで心地良い状態**を意味します。

現状を打開して、良い状態になれる人は本当はたくさんいます。しかし、その事実に気付いている人は多くありません。気付かないまま、知らず知らずのうちに良い状態から遠ざかってしまっているのです。

「気付きの機会の欠如」は、実に深刻な問題です。

悪い状態に陥っていることに気が付かないまま過ごしていると、物事を先入観なく素直に見ることができず、常に不安やモヤモヤとした悩みを抱えることになってしまいます。

一度その状態に陥ってしまうと、そこから抜け出すのは大変です。

悪い状態が続くと、人はそれが自分にとっての現実だと思い込み始めます。

こうした思い込みが定着すると、その状態を〝現実〟として何の疑いも持たず受け入れてしまうのです。思い込みの力は想像している以上に強烈で、いくら不快に感じていても改善することを放棄してしまいます。

自分にとっての現実は何かというと、それは結局、その人が解釈し、受け入れたものです。

例えばある人が、「自分の境遇は良くない。そういうものだ」と思い込んでしまうと、それが現実として定着していきます。

「自分は良くなれない」と考え始めてしまったら、現実は確実に悪い状態のまま定着してしまうのです。

救いなのは、逆もしかりということです。「自分は良くなれる」と思うことができれば、人は必ず変わろうとします。

「気付き」のタイミングには遅いも早いもない

「気付くのが遅かった……」

そう思い、悔やむ人もいるでしょう。しかし、気付くのに遅いも早いもありません。気付くタイミングは人それぞれであり、早い人もいれば、遅い人もいる。それでいいのです。

大切なのは、あきらめないこと。これに尽きます。

そもそもこの本を手に取ったのは、あきらめずに現実を変えようと行動した結果です。

自分を変えていくことに遅いも早いもないのです。

あきらめないで、どうかチャレンジを続けてください。

人によっては、30歳になってから突如、深い悩みを抱え始め、不幸のどん底に叩き落とされてしまうケースもあるでしょう。

若いころから悩み続け、40歳になっても気付きの機会に巡り合えず、不幸な境遇に喘《あえ》いでいる人もいるかもしれません。

様々な状況がある中で、1つだけ言えるのは、**あきらめなければチャンスはゼロにはならない**ということです。

今現在どれだけ大変な経験をしていたとしても、気付きの瞬間を得たあとは、その過去を素直に受け入れ、冷静に振り返ることができるようになります。

ところが、そこにたどり着くまでに、途中であきらめてしまう人が多いのです。


そもそも自分の人生というものは、自分自身が作り出しているものです。

「何も変わらない」と思っている人の人生は、その思い込みのとおり、何も変わりません。思い込みがあきらめの気持ちを生んで、自分から動くことができないのです。

「自分には無理」

「やったって、どうせうまくいかない」

「うまくいくイメージがわかない」

こうしたあきらめの気持ちは、悪い状態の現実を作ります。

今ある自分や状況は、自分自身の行動の結果として作られたものです。またその行動は、すべて自分の気持ちが導いたものと言えます。

例えば、目の前に水が入ったペットボトルが置いてあったとしましょう。

喉が渇き、水を飲みたいと感じたら、手を伸ばしてペットボトルの中の水を飲もうとするはずです。「水を飲みたい」と思い、その結果として、「飲む」という行動が生じたのです。反対に、「水を飲みたい」と思わなければ、いつまで経っても「飲む」という行動は生じません。

この例が示すように、「自分はプラスの方向に変わるんだ」と思わない限り、人は動こうとしないのです。

「自分はプラスの方向に変わるんだ」と思った途端、私たちは何らかの行動に出ようとし、そこから状況はがらりと変わります。

「今とは違う環境に身を置こうかな」

「新しい人と出会ってみようかな」

「変わるためのヒントになりそうな本を読もうかな」

「参考になりそうな情報をネットで探してみようかな」

こうした考えが頭に浮かび、行動への助走を始めるのです。

実に単純な理論なのですが、残念なことに多くの人がこの事実に気付かず、「何も変わらない」と思い込んだまま足踏みを続けています。

そうした状況を変えるには、思い込みを反転させ「自分は良くなれる」と考えてみることです。それができたら、人は必ず良くなるために動き出します。


一度、自分の〝現実〟を見つめ直してみてください。

あなたは不幸ですか、それとも幸せですか？

いずれの場合も、その現実は自分の思い込みが作り出した結果です。

もしも不幸であるならば、その状況を変えるために動き出してみましょう。動き出すといっても、いきなり大袈裟《おおげさ》なことをする必要はありません。まずは、おぼろげながらでもいいので、どう変えていきたいのかイメージしてください。

未来の現実を想像し、3カ月後、半年後、1年後の自分の状況を思い浮かべてみるのです。

たったそれだけのことですが、自分の内面に前向きな変化が生じてくるのを感じられるはずです。

「気付きの機会の欠如」を引き起こす原因については、「人生を切り拓く技術」の中の「①価値観を入れ替える」方法を身に付けることで解消が可能です。それについては、このあとに続く第１章で詳しく解説していきます。

②良質な情報の不足

「変わりたいのに変われない」２つ目の原因は、**「良質な情報の不足」**です。

ここでいう「良質な情報」とは、自分を変えたり、人生の価値を高めたりするために役立つ情報を指します。

情報といってもその幅は広く、人間関係や周囲の環境、よく見るネットサイト、SNS、ニュース、本、映画、音楽など、日常生活で接したり、見聞きしたりするものすべてが含まれます。

「変われない」といって悩んでいる人と話をすると、誤った情報や不必要な情報に振り回され過ぎているという共通点が浮かび上がってきます。本来であれば、自分を良い状態にする情報に触れるべきなのに、それとは真逆の自分の人生を貶《おとし》めるような情報にどっぷりとハマっているのです。これではいつになっても自分を変えることはできません。

良質な情報が足りているかどうかを判断するには、自らの人間関係を見てみるといいでしょう。付き合っている人たちが、幸せそうな人たちなら問題はありません。付き合う中でお互いに良い影響を与え合えれば、心の状態が良くなって考え方が前向きになり、行動や習慣が改善されていくからです。

しかしそうではない場合、自分だけ「良い状態」を保つのはかなり難しくなります。自分を良い状態に変えようと思ったら、そのために必要な良質な情報を取り入れていかなくてはなりません。

今の状況に満足していないなら、自分が日々触れている「情報」を見直してみてください。

「付き合っている人たちは、自分に良い影響を与えてくれる存在か?」

「今いる環境は、自分にとって好ましいものか?」

「普段読んでいる本の内容から、ポジティブな影響を受けているか？」

「いつも眺めているSNSは、自分を良い方向に導いているか？」

「好きな映画や音楽は、感動をもたらしてくれているか？」

答えが「ノー」であれば、情報の中身を別のものと取り換えてみるべきです。

大切なのは情報の見極め方

理屈としては理解できても、どうやって「良質な情報」に触れていけばいいのかわからない人もいるかもしれません。

そう思うのも、当然でしょう。

周囲を少し見渡しただけでも、こんなに雑多な情報が氾濫《はんらん》しているのです。その中から「良質な情報」を見つけ出していくのは、困難な状況です。

私たちの周りには、本当にろくでもない情報があふれています。そもそも、芸能人の浮気の話なんて、耳を傾ける価値もなく、どうでもいい話です。そんな情報に一喜一憂させられるのは時間の無駄でしかありません。

そうした種類の情報ではなく、自分をポジティブにしてくれる良質な情報を入手することが大切なのです。ところが、「変わりたい」と願う人の多くが、自分にとって良質な情報を取り込んでいません。

実際のところ、真に「自分の人生を良くしてくれる」情報は、簡単に見分けられるものではないかもしれません。仮に見つけたとしても、それが本物ではない可能性もあります。

確かな情報を得るには、高度なリサーチ力と情報の見極めが要求されるため、難しいと感じる人もいるでしょう。

そう感じる人は、入手する情報を一度に変えるのではなく、変えるのが簡単そうなものから変えてみてください。

例えば、**読む本やよく見るＳＮＳを変えてみる**のです。それだけでも、これまでとは違った考え方を自分の中に取り入れることができます。

今まで付き合ってきた人からいきなり遠ざかるのは、さすがにハードルが高いかもしれません。しかし、本やＳＮＳを変えてみる程度なら、さほど難しくはないはずです。

まずは簡単なところから変えてみて、変化が起きるか反応を窺《うかが》ってみましょう。

自分が取り入れている情報は、たいてい相互に絡み合っているものです。そのため、1つを変えるとバランスが崩れ、他の情報にも影響が及びます。読む本の種類が変われば、それまでと異なる情報が頭の中に入ってくるので、新しい考えが浮かんでくるかもしれません。

閲覧するSNSを変えれば、違った知識を得られ、「今の環境に留《とど》まっていていいのだろうか」「これまでの人間関係は自分にとってプラスだったのだろうか」といった疑問が少しずつ生まれてくると思います。そう感じたら、その感情から目を背けずにしっかりと向き合ってください。

向き合った結果、それまでの自分の姿勢に違和感を覚えたとしたら、まさにそれが「良質な情報」との接触によって得られた変化です。

このサイクルを繰り返すことで、いい情報をリサーチする力と見極める力は確実に身に付いていきます。

良質な情報の上手な取り入れ方は、普段からの習慣とも密接に結びついています。悪い習慣が身に付いていれば、良質な情報はなかなか入手できません。

第2章では、「人生を切り拓く技術」の2つ目として「習慣」について説明していくので、その技術を身に付けて良質な情報を取り入れるようにしてください。

③過去型思考の弊害

変われない人が抱えている3つ目の原因は、**「過去型思考」**です。

人間は過去の延長線上に生きています。そのため、「これからどうしたいのか」よりも、「過去の記憶」に引っ張られる傾向があります。

「過去に一度やってみたけど、うまくいかなかったから今度もダメだろう」

「以前、人間関係でトラブルになったので、今回ももしかしたら問題が起きるかもしれない」

このような過去の記憶に縛られてしまうのです。

例えば、「人間関係の構築の仕方が下手」だと自分で決めつけてしまうと、人と接することが苦手になり、それが表情や言動にも出てきます。すると、相手に不信感を与えることになり、再びトラブルを呼び込んでしまう可能性が高くなってしまうでしょう。

仮に以前、人間関係でトラブルがあったとしても、それはたまたま相性が悪かっただけかもしれません。そうしたケースはよくあるので、少しも気にする必要はないのです。

人に騙《だま》された経験のある人は、「次もまた騙されるのではないか」と警戒し、心を開かなくなってしまうことがあります。そのため、まったく違う相手に対しても、ついつい疑うような態度を取ってしまいがちです。その結果、相手は不快感を抱くかもしれません。そうなると、良好な人間関係を築くことは難しいでしょう。

過去の輝かしい記憶に引っ張られるのも問題です。過去の実績はしょせん過去のものであり、今の自分を正しく投影しているものではありません。過去の成功体験をいつまでも拠《よ》りどころにしていると、思わぬ失敗をするので気を付けたほうがいいでしょう。今の自分に自信がある人は、過去が良かろうが、悪かろうが、それに引っ張られません。

過去型思考は、人の行動をがんじがらめに拘束してしまう力があります。過去の失敗のイメージだけが大きくなると、「何もしないでじっとしていたほうが安全だ」と思い込んでしまうのです。こうして「変わりたい」という気持ちはもちろんのこと、変わるための行動も著しく阻害してしまいます。

「自分は否定されている」と常に思い込む青年

少し前に、ガソリンスタンドで働く26歳の男性から人間関係の築き方について相談を受けたことがあります。

身長164センチと小柄ながら、彼は強豪校の野球部員として活躍し、レギュラーとして夏の甲子園《こうしえん》に出場経験のあるスポーツマンでした。

ただし、彼には複雑な家庭環境で育った過去があり、それが彼の足を引っ張っていたのです。

家族構成は、母親と兄、姉、本人という4人でした。ところが、彼が中学3年生のときに、母親は新しいパートナーと暮らすために家を出て行ってしまいます。

当時兄と姉はすでに社会人になっていました。しかし、彼はまだ中学3年生だったため1人では生活できなかったのです。そこで彼が選んだのは、得意の野球を活かして全寮制の強豪校に入学し、部活に勤《いそ》しむという進路でした。

推薦を得た彼は、見事に強豪校に合格します。そしてその学校で、3年間にわたって指導を受ける監督と出会うのです。

この監督は、生徒を徹底的に従わせる姿勢を崩さない人物でした。

「生徒は監督の話を聞き、黙ってそれを受け入れる」

これがこの学校の野球部のルールだったのです。

彼は、監督の言うことに逆らってはいけないという「恐怖マネジメント」を現役時代にずっと受け、やがて高校を卒業していきます。

高校卒業後、彼は社会人となりました。そこでわかったのは、誰かの話を聞いていないと不安を感じ、上司をはじめ、周囲の人たちの顔色を必要以上に気にしてしまう自分の性格でした。そしてそれが、彼を悩ませ始めるのです。

相談を受けた私は、やり取りを交わしながら、彼の行動パターンを観察するようにしました。それによって気が付いたのは、彼の口からはいつも「あ、すみません」という言葉が最初に出てくるということでした。彼を見ていると、いつも緊張しているのがわかり、周囲の状況を気にしている様子が窺えたのです。

別に否定しているわけでもないのに、私が何かを言うと、彼は必ず「すみません」「申し訳ありません」という謝罪を口にします。心の中で彼は「自分はとにかく否定される存在」だと思い込んでいたのです。

幼いときから母親に否定され、兄には殴られ、高校に入ってからは監督から頭ごなしの指導を受けてきたことが、彼の性格を形成していったのでしょう。十数年にわたってそうした環境で過ごしてきたため、社会に出たあとも、上司や周囲の人たちの顔色を常に気にするような精神状態になってしまったようでした。

あるとき、彼が「会社を辞めようと思っているんです」と伝えてきたことがあります。私が「どうして?」と尋ねると、「自分は上司からダメだと思われているので」という答えが返ってきました。

「ダメだって、それ上司がそう言ったの? ちゃんと確認した?」

そう聞くと、「言われたわけではない」と言います。

「自分が思い込んでいるだけじゃないの？　確認してみな」

そう伝えて、上司に確認を取ってもらうと、やはり単に彼が思い込んでいただけで、上司は彼をダメだなんて思っていなかったのです。

母親が新しいパートナーと暮らすために家を出ていったのは、自分のせいだと考えていたと彼は言います。そのせいで自分は捨てられたのだと受け止めていました。そんな子ども時代を送り、さらには厳しい監督に出会ったことで、自分は常に否定される存在だと思い込んでしまったのでしょう。

「自分はどうせ、ダメな人間だ」

そう感じ、肝心なところでいつも逃げてきたようです。

彼のケースは、家庭や学校での刷り込みによって自信をなくし、社会に出てからもその過去を引きずるという典型的なパターンと言えます。

「夏の甲子園出場」という輝かしい実績を持っていたとしても、「周囲から否定され続けてきた」という過去の記憶が頭から離れないと、大人になってからもそれに引きずられてしまうのです。


「変わりたい」と思うのなら、ひとまず過去のことは忘れる必要があります。過去の記憶ではなく、「これから先、どうしていきたいのか」に視点を移し、そのためには「今、何をやらないといけないのか」を考えるべきなのです。

こうした思考の転換を行わない限り、いつまでも過去の記憶に縛られることになるでしょう。

過去の記憶の呪縛から逃れるには、現時点で自分が持っている強みを武器にするしか方法はありません。過去は変えられませんが、自分の強みを発揮することで、将来を変えることはできるのです。

この「強みを武器にする」という考え方については、3つ目の「人生を切り拓く技術」として、第3章で説明していきます。

自己分析の重要性

「変わりたい」けど、「変われない」人の3つの原因を突き詰めていくと、ある事柄にたどり着きます。それは、自己分析することの重要さです。

「気付きの機会の欠如」「良質な情報の不足」「過去型思考」を引き起こしてしまうのは、自己分析ができていないことの結果でもあるのです。

「変わりたい」けど、「変われない」という悩みを抱えていたとしても、その苦悩を周囲の人に正確に理解してもらうのはほぼ不可能でしょう。仮に理解してもらえたとしても、解決策の提示を期待するのは所詮、無理な話です。

となると、結局は自分で考え、答えを出していくしかありません。その答えを得るために不可欠なのが、自己分析なのです。

にもかかわらず、多くの人が自己分析を蔑《ないがし》ろにします。立ち止まり、自分の内面を深く探っていこうとしないのです。その重要性に気付いていない人も大勢います。

「何か変だな」

「自分の人生はつまらないな」

こんな違和感を覚えたら、時間を作って自己分析を行い、変われない原因に縛られていないか確認してみるのです。

自己分析した結果、自分の中で見直すべきところが1つでも見つかったなら、それが変わるためのスタートとなり得ます。そこから目を背けずに、自分の行動に変化を加えてみてください。

1つ変われば、次にまた新たな改善点が見えてくるでしょう。そうしたら再びそれに向き合っていけばいいのです。

それを繰り返していくうちに、小さな変化はいつしか大きな変化となっていきます。

第1章

「価値観」を入れ替える

刷り込みと思い込みの罠

ここからは、3つの「人生を切り拓く技術」を1つずつ説明していきます。

最初に取り上げるのは、1つ目の技術である「価値観の入れ替え」についてです。

自分が変われるか、変われないかを左右する要素として、価値観の存在は無視できません。

中でも大きな影響を及ぼしているのが、幼少期に刷り込まれた価値観と、他人から押し付けられた価値観です。

これらの価値観は、その後の人生に大きな影響を与え続ける、ある種の〝罠《わな》〟と言ってもいいでしょう。

子どものころに刷り込まれた価値観の代表的なものが、管理教育と偏差値教育です。

管理教育では、管理下におとなしく収まる子どもは評価される一方、収まらない子どもは悪い子どもと判断されます。管理に馴染《なじ》めず脱線してしまう子どもは、次第に〝落ちこぼれ〟というレッテルを貼られ、管理教育の対象外にされてしまうのです。

枠外にはじき出されてしまった子どもたちは、「自分は良くない存在」という価値観を刷り込まれていきます。

一方、偏差値教育は、基本的に点数で人を評価するシステムです。偏差値が高ければ高いほど優れていて、低ければ劣っているという価値観が下地になっています。

日本は長年にわたってこの2つの価値観を子どもたちに植え付けてきました。

確かに、これらの価値観が日本社会にしっくりと重なり、うまくいっていた時代もあったと思います。戦後の復興期から高度成長期を経ていく中で、国民のほとんどがルールに従い、一丸となって生産活動に励んだことの意味は大きく、その結果として日本は豊かになっていきました。

ところが、そうした日本の高度成長期がはるか昔のものとなった今、かつての価値観はうまく社会に当てはまらなくなってきているのです。

特にコロナ禍以降は、旧来型の価値観が明らかに今の時代にフィットしていないことが露呈しています。

世界経済の形勢が大きく変わり、さらにはDX（デジタルトランスフォーメーション）の時代が到来したことで労働環境をはじめとした社会状況が大変貌《だいへんぼう》を遂げました。
そんな中、かつての価値観の下で教育を受けた人たちが、「1人ひとりが考えて、独創的なアイデアを出せ」「枠を超えた意見を述べよ」と、やたらとせっつかれるようになったのです。

これはあまりにも無理筋な話ではないでしょうか。

強烈な管理教育の中で、日本人のほとんどが個性を殺し、意見を言わずに付き従ってきたのです。それをいきなり「意見を述べよ」と言われても、そんなことがすぐにできるのはごく限られた人たちだけでしょう。大多数の人たちは、大人になって急にそんな社会に放り込まれ、うまく適応できずに悩んでいるのです。

「変わりたい」のに「変われない」と悩む人たちも、そんな管理教育の被害者の1人なのかもしれません。

過去の価値観に縛られていた自分

偏差値教育の弊害も深刻です。

学生時代に偏差値が低かった人は、「自分はダメな人間だ」と心のどこかでずっと思い込んでいたりします。

実際のところ、私自身も偏差値教育の価値観にどっぷり浸《つ》かって育ちました。しかも、偏差値がとても低かったため、高学歴の人を見るとすぐに「優秀な人」だと思っていたのです。

私は完全に罠に引っ掛かり、その罠から抜け出すまでかなりの遠回りを強いられました。

三十代になり、人材育成の仕事を始めて人前で話をするようになってからも、偏差値教育の価値観を捨て切れず、学歴コンプレックスを抱えたままでした。

その状態のまま三十代半ばになった私は、学歴を得るために社会人入試で法政大学の大学院に入学しています。

当時の私は、それが正しい判断だと思い込んでいました。「高学歴」という言葉にとにかく弱かったのです。

その証拠に、東大や早慶出身という相手を前にすると、単純に「すごいな」と思い、恐れ入りながら話を聞いてしまう傾向がありました。

頭の片隅には「その姿勢が自分のダメなところ」という意識があるのに、そうした考え方を捨て切れなかったのです。

学歴のない私ですが、社会経験を着実に積み、すでに人材教育の仕事も軌道に乗せていました。偏差値が高くなくても社会で活躍できるのはわかっているのに、学歴にいつまでも悩まされていたのです。

結局、私は大学院に3年間、籍を置きました。学歴の呪縛が解けるまで、3年という時間が掛かったのです。

最終的に卒業はせず、途中で辞めることに決めました。

ところが、私の中から偏差値教育の価値観は完全には消滅していなかったのです。

その事実を突きつけられたのは、長男の大学受験がきっかけでした。いくつかの私立大学を受験した長男は、偏差値が高い大学と、そこよりも偏差値では一段下の大学に受かったのです。

どちらの大学に進学するつもりなのか聞いてみると、長男は偏差値の低いほうの大学に入学したいと主張します。彼によれば、自分にはそちらの大学の校風が合っているとのことでした。

父親である私は、ここで子どもに余計なことを言ってしまいます。このとき私は、「偏差値の高いほうの大学に行ったほうがいいよ」とアドバイスしてしまったのです。

その言葉を口にした瞬間、「学歴コンプレックス」を完全には克服していない自分に気が付き、愕然《がくぜん》としました。

これほどまでに偏差値教育に根差した価値観は強力なのです。

我に返った私は、長男の意見を尊重することにし、彼の選んだ大学への進学に同意しました。

あの場面で強く反対し続けたら、私は彼の主体性をへし折ってしまうことになったでしょう。それをせずに済み、ホッとして胸をなでおろしたのです。

スポーツの世界で押し付けられる価値観

学校教育だけでなく、子どもたちのスポーツの世界でも、無用な罠を仕掛けようとする大人たちが大勢います。

私は以前、栃木県の小学生のサッカー選手を選抜する審査員を務めていました。

ある年のこと、それまでに見た選手の中でも、ひと際上手な選手に出会ったのです。

明らかに他の子どもとは違う能力に気が付いた私は、その男の子に近寄って名前を尋ね、「サッカー、めっちゃうまいね」と褒めました。

驚いたのは、その直後でした。

その男の子は「いや、そんなにうまくありません」と自分のサッカーの能力を否定したのです。

私はすぐに「どうしてそう思うの?」と聞き返しました。

「だって、いつもお父さんから『おまえはヘタだ』って言われているから……」

それを聞き、私は実に残念な思いに駆られました。

目を瞠《みは》るようなプレーができる少年に、「おまえはヘタだ」と言い続けることに、どんな意味があるのでしょうか。

親としては、子どもが調子に乗らないように躾《しつけ》として「ヘタだ」と言っていたのかもしれません。

しかし、躾なら他の場面でしっかりとすればいいだけです。

得意なサッカーで頑張っているにもかかわらず、親から褒めてもらうことがなかったら、せっかくの才能は押しつぶされてしまいます。

当然ながら、その男の子は選抜選手となり、県の代表チームの一員になりました。その際、私はその子の父親に「これからは子どものサッカーについて否定的なことを言わないでほしい」とお願いしました。

大人になっても自分を卑下したり、自分自身の価値観を持てないまま他人に影響され続けてしまうのは、子ども時代の親の教育が大きく関係しているといって間違いないでしょう。こうした負のサイクルはどこかで止める必要があります。

自分を信じ、途中であきらめずに走り抜けた経験は、自分に備わった能力をさらに成長させ、必要とされたときにそれを余すことなく発揮する潜在能力を育むのです。

必要なのはティーチングではなくコーチング

もう少しだけ、子どもに対する大人の姿勢について話をしていきます。

そもそもなぜ、大人は子どもにダメ出しをし、可能性を潰《つぶ》そうとするのでしょうか。

その理由は、多くの大人たちが、そうしないと子どもたちをコントロールできないと思い込んでいるからです。

本来なら人を育てるには主体的な意見と行動を引き出すコーチングが必要なのに、一方的に教え込むティーチングに徹してしまうパターンがどれだけ多いことか。主体性のない大人を増やしてしまうのは、ティーチングしかしないからです。

確かに、最初はティーチングでいいでしょう。しかし、いつまでもそのままでは成長は望めません。そこからどんどんコーチングへとシフトしていき、主体性を持たせるべきなのです。

このことはスポーツの現場でも当てはまります。

ティーチングからコーチングへのシフトがうまくいくと、選手たちの能力はみるみるうちに向上し、同時にチームも強くなっていくでしょう。

個人の主体性が高まるため、監督やコーチが細かい指示を出さないと動かないという場面も激減するはずです。

反対に、指導者がダメ出ししかしないチームは、選手たちの主体性は育ちません。
その結果、何が起きるかというと、怒鳴るだけの指導者を生み出してしまうのです。
練習中も試合中も、指導者がずっと怒鳴り散らしている……。そういうスポーツの現場は、日本中、いたるところで見られます。

最悪なのは、その状況に親が加担してしまうことです。怒鳴るだけの指導者に同調し、「もっと気合い入れろ！」「何、逃げてるんだ！」といった言葉を投げつける。これでは、子どもたちは畏縮《いしゅく》する一方でしょう。

この手のティーチング（教育）環境の中で育つと、子どもたちは指導者（教育者）や親の価値観を受け入れざるを得ません。そしてそれが、大人になってからも自身に影響力を与え続けるのです。

その状況が如実に現れているのが、会議ではないでしょうか。例えば、社内の会議で意見を求められたとしても、誰も何も言わずにただただ黙っている。

その理由は明白です。仮に意見を言って周囲から同意を得られなければ、怒られるかもしれませんし、責任を押し付けられることになるかもしれません。そうであれば、黙っていたほうが明らかに得策だと考えるでしょう。ティーチングに過剰に重きを置いた教育環境は、子どもたちから主体性を奪う効果しか生み出しません。

ひいてはそれが、会議での沈黙に代表されるように自発的な行動を起こせない大人を大量に生み出していくのです。

では、子どもたちに主体性を持たせるには、大人たちは何をすべきなのか？　そうした疑問を抱く人もいるかと思います。

怒鳴るのがダメなら、褒めればいいではないか。

こう考える人もいるでしょう。しかし、そう単純でもないのです。

確かに、結果論として褒めるのはアリでしょう。ただし、褒めることで子どもを動かそうとするのは避けるべきです。これでは「アメを与える」だけになってしまい、持続的な主体性を養うことにはなりません。

理想的なのは、子どもたちをよく観察して理解することです。さらに子どもの主体性を尊重し、好きなようにさせながら彼らの長所を伸ばしてあげるのが結局は一番なのです。

褒める際にもコツがあります。子どもの行動をじっくりと見届けて、子どもの良いところを褒めるのです。

無意味に褒めると、褒められることが行動の動機になってしまい、褒めないと動かなくなってしまう恐れが生じます。これでは、怒鳴って主体性を奪ってしまうパターンと同じ結果を招いてしまうでしょう。

子どもたちを見ていると、主体性が表に出てくる場面に出くわすものです。

「これがやりたい」

「ここに行きたい」

こんな意思表示をしてきたら、「危ないからダメ」「遠いからダメ」などと言って反射的に否定するのではなく、ひとまずやらせてあげることです。こんなふうに接していくと、子どもたちの主体性は一気に引き出されていきます。

大人になっても主体性が発揮できない理由として、子どものころに親の好みを押し付けられたという経験が作用していることもあります。

自分がかつてサッカーをしていたからといって、子どもにサッカーを習わせようとする……。

野球を見るのが好きだからといって、子どもを頻繁に野球観戦につき合わせる……。

挙げていけば、いくらでも例が出てきます。

子ども自身も好きなら、問題はありません。

ただし、嫌だと言っているのに無理強いするようなら、子どもの主体性を否定しているのと同じです。

ここで、一見、本書のテーマとは関係のない教育論的な話をしている理由は、自分が子どものときにどんな教えを受けてきたのか振り返ってもらうためです。

子どものころの教育体験はいつまでも残り続け、大人になってからも消えることはありません。

ティーチング傾向の強い教育によって主体性が奪われていたり、弱められていたりすれば、知らず知らずのうちに自分自身に行動抑制を掛けていることが考えられます。

大人によって子どものころに刷り込まれた価値観の存在が大きければ大きいほど、

主体性はすでにかなり失われているかもしれません。

そうした過去の体験が、今の自分に密接に影響を及ぼしているのです。

例えば、あなたが社会に出て就職し、パワハラ気質の強い上司の下で働くことになったと仮定してみましょう。

このときに自分の中の主体性が弱っていると、上司のパワハラ気質をはねつけることができません。

その状態が続き、ストレスをため込んでいる社会人が日本には数多くいるのです。場合によっては、その上司の価値観を刷り込まれ、自分がパワハラ気質を身に付けてしまうこともあるでしょう。

一方、主体性を持つ人たちは、これとは異なる反応を見せます。

「自分には合わない」とわかった時点で、パワハラのような誤った価値観の押し付けから自発的に逃げることができるのです。

どちらがいいかは、説明するまでもありません。

価値観の再インストール

では、価値観の重要性には気付いたものの、すでに子どものころに価値観を刷り込まれてしまった人は、いったいどうすればいいのでしょうか。

これまでの自分の価値観を入れ替えようと思ったら、付き合う人を変える、環境を変える、時間の使い方を変えるという方法が考えられます。そうすることで今の状況をガラリと変え、時間を掛けて価値観をシフトさせていくのです。

しかし、すでに刷り込まれた価値観の入れ替えをするには、この方法だけではまだ十分ではありません。

交友関係を見直し、自分が望ましいと思う人と付き合い始めたとしても、刷り込まれた価値観の力は根強いため、それをしたぐらいでは入れ替えをするのは容易ではないのです。

より実現性のあるものとして、**「価値観をフラットにする」**方法があります。

「フラットにする」というのは、それまで抱え込んできた過去の価値観を一度手放して、まっさらにするという意味です。

パソコンのOSをアンインストールし、初期化するイメージと捉えればわかりやすいと思います。とはいえ、生身の自分は機械ではないので、アナログな方法を実行するしかありません。

その方法とは、刷り込まれた過去の価値観を頭の中に思い浮かべ、それを実際に声に出してアウトプットし、「手放す」と宣言するのです。

「親の指示に従うのが当たり前になっている価値観を手放す」

「頭ごなしのダメ出しを黙って受け入れてしまう価値観を手放す」

自分を取り巻く価値観を1つひとつ丁寧に振り返り、いらないと思ったものを言語化して順番に手放していきます。

ここで重要なのは、声に出して宣言することです。頭の中で考えているだけでは、体に刷り込まれた過去の価値観を手放すことはなかなかできません。

次に重要なのは、新たに取り入れたい価値観を明確化し、それを言語化しながら自分の中に再インストールしていく作業です。

声に出してアウトプットする際の言い方に関しては、アドバイスがあります。

それは、自分が今抱えている問題を、人のせいにしないということです。

人のせいにしてしまうというのは反射的なものなので、そのつもりがなくても、ついつい人のせいにしてしまうかもしれません。

もしも反射的に人のせいにしてしまったら、そういう自分をまずは受け入れて、改めて冷静になり、自分を振り返る癖をつけていってください。

「毒親からの束縛から逃れて、自由な価値観を得る……」

このような言い方では、自由な価値観が得られないのはあたかも毒親からの束縛があるからのように聞こえてしまいます。つまり、自分の問題を親のせいにしているのです。

束縛から逃れたいのであれば、自立して家を出ればいいだけのことではないでしょうか。毒親に束縛されているというのは単なる思い込みで、実は自分が親から離れられなかっただけなのかもしれません。こういう見方をしてみるのです。

「大嫌いな上司の言いなりにならない強い価値観を育む……」

嫌いな上司の下で働くのが嫌ならば、異動願を出したり、転職したりする方法があるはずです。それもせずに上司を悪者にしているのは、果たして正しいことなのでしょうか。

「憎しみしか湧かない友人と縁を切り、未来志向的な価値観を持つ……」

未来志向的な価値観を持てないのを、友人のせいにしていませんか？　その前に、自分で何かできることがきっとあったはずです。

憎しみを抱くようになる前に、「自分はこういうところを変えるべきだけど、○○さんも、こういうところを変えてくれませんか？」という会話をすることだってできたでしょう。相手を憎む前にまずは自分が先に変わる意思を伝え、それを理解してもらえていれば、「縁を切る」というところまで関係が悪化しなかった可能性もあります。

現時点ですぐに変えることができるのは、相手ではなく、自分です。人のせいにする前にまずは自分を変えてみる。そういう考え方ができる価値観に入れ替えていくことが大事なのです。

自己概念の大切さ

自分に合った価値観を再インストールするには、自己概念をはっきりとさせる必要があります。**自己概念とは、「自分がどんな人間であるかについて抱いている考え」**のことです。

これを明確にするには、一度立ち止まり、自分自身についての振り返りをするしかありません。子ども時代の思い出にまでさかのぼり、自分という存在について突き詰めていくのです。私の研修では、この作業をするために57ページのような「振り返りシート」を用いて参加者に振り返りをしてもらっています。

「自分は何が好きなのか」
「何をしているときが楽しいのか」
「自分の長所はどんなところか」
「嫌いなものは何か」
「成功体験もしくは失敗体験にはどんなものがあるか」

振り返りシート

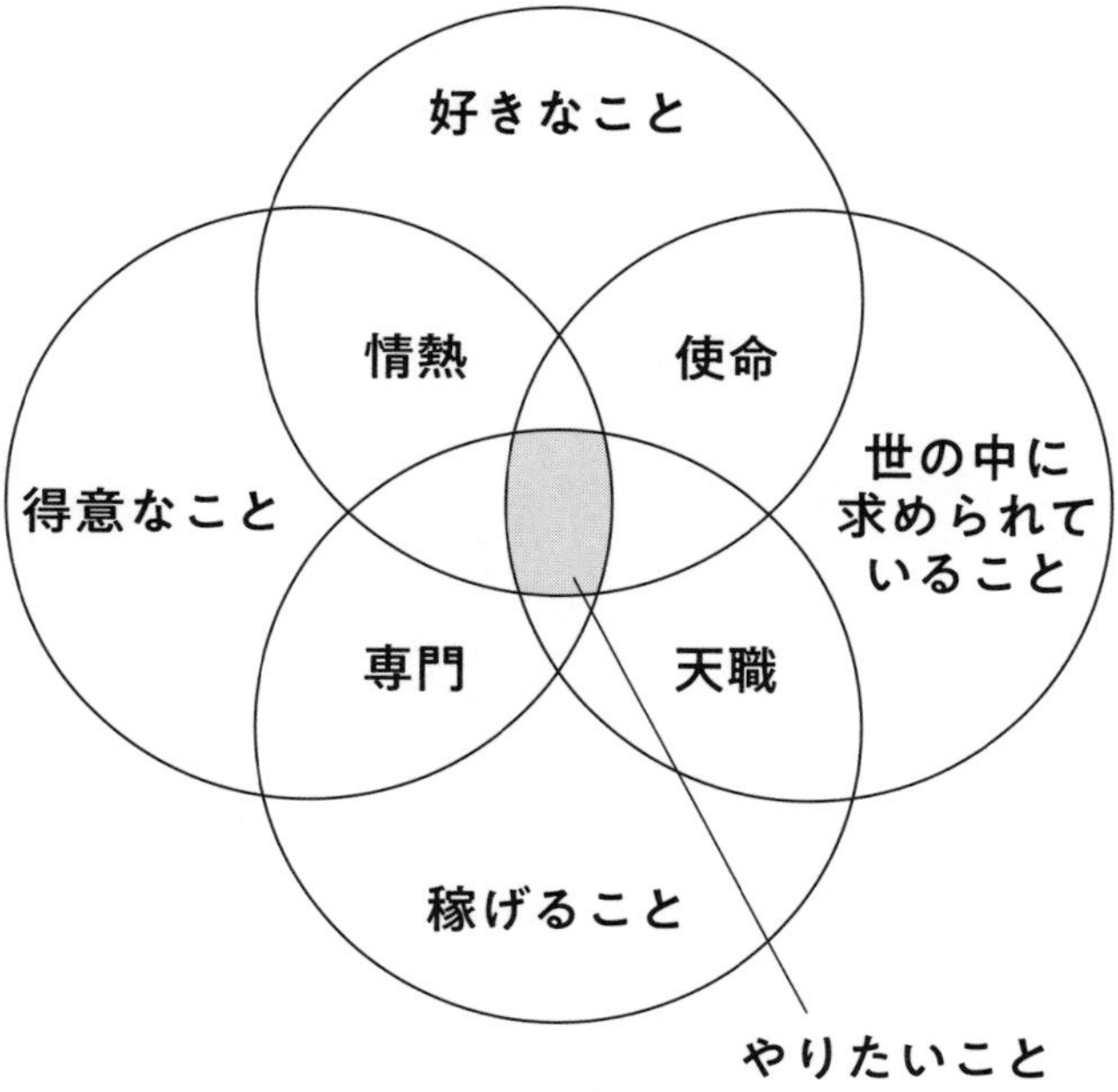

振り返りシート（57ページ）を使ってこうした内容をチェックしつつ、自己概念を鮮明にしていきます。

その上で自分にとって大切なものは何かをフラットな状態（過去の価値観をアンインストールした状態）で探り、新たな価値観を構築するのです。

これからどんな人生を送っていきたいのか？

これに対する答えも、自己概念を表すものと言っていいでしょう。

「ポジティブでいたい」

「笑顔を絶やさずに過ごしたい」

「みんなに優しくしていたい」

これらは、自分にとっての理想像と言い換えてもいいのかもしれません。そのイメージを頭の中にしっかりとインプットしながら、それを自分の新たな価値観にしていくのです。

新たな価値観を見つけることができたら、あとはそれに従って行動を起こしていきます。誰にも縛られない主体性に満ちた価値観が得られれば、人は必ず変わっていけるのです。

一般概念を無視する勇気

かつての私は、高級な時計をし、ベンツに乗るような派手な生活を送っていました。心からそれがしたかったわけではなく、「そうあるべきだ」という刷り込まれた価値観に縛られ、自分にプレッシャーを掛けていたのです。

しかし、自己概念を鮮明にして「あるべき論」から解放されてからは、高級時計を外し、ベンツに乗ることもやめました。元々、高級時計にも高級車にも興味がないことに気付いたのです。

「こうしないと自分はダメなのではないか……」

こんな考えにとらわれて、やりたくないことを無理に続けている人もいるでしょう。

〝理想の母親像〟という価値観を刷り込まれた子育て中の女性は、「子どものために毎日手作りの弁当を作らなければいけない」というプレッシャーを感じながら、つらい思いをしているかもしれません。

「母親として、そうしないとダメなのではないか……」

本当は外で働く時間を長くしたいのに、子どもの世話をする理想的な母親を演じてしまうのです。

そうした過去の価値観から、自分を解放してください。

嫌々弁当を作るよりも外でいきいきと働く姿を見せたほうが、子どもにとってプラスのケースは多々あります。弁当は買うこともできますし、父親が作ってもいいのです。

働いたほうがストレスがないなら、家計は豊かになり、子どもの教育にもお金をかけられます。そのほうが絶対にいいはずなのです。

まずは自分自身の価値観を優先し、手薄になってしまうところは他の人の助けを借りることを考えてみてください。

男性であれ、女性であれ、「こうあるべきだ」という一般概念はどんどん無視していくべきなのです。

自分に合った「価値観」を簡単に見つける方法

過去に刷り込まれた価値観を手放し、自己概念を明確にさせたとしても、新たな価値観を見つけられずに足踏みしてしまうこともあるでしょう。そんなときに大きな手助けとなる方法をお伝えしていきます。

人材教育に携わる際、私はいつも皆さんに63ページのような**「脳内シート」**と呼ばれるものを作成してもらっています。

各自に1枚のシートを手渡して、「普段から自分が考えて止《や》まない事柄」を列記してもらいます。その内容は、〝欲〟に近いものと言っていいでしょう。

「あの服が欲しい」「海外サッカーを観戦しに行きたい」など、頭の中で常に思い描いていることを脳内シートに書き出していくのです。

ところが、社会人の方たちに脳内シートを書いてもらうように頼むと、仕事上でのタスクの達成をずらずらと挙げてしまう人が大勢います。こうなると脳内シートの内容としては適切ではありません。そうではなく、普段から（タスク以外で）**無意識の**

うちにいつも頭の中で考えてしまうことを書くのです。

10個ほど書き出したあとは、「絶対にこれだけは捨てられない」という事柄を3つほど選び、丸で囲んでいきます。こうすると、自分が本当に欲しているものが明確になり、それらを見ることで自分の価値観の中身がわかってくるのです。

3つ選んだあとは、それらを選んだ理由を探っていきます。それにより、自分の価値観=優先順位がよりいっそう明確になるはずです。

ちなみに、私の脳内シート（65ページ）には常に「志」「お金」「仲間」の3つが登場します。

1つ目の志は、自分が成し遂げたいことに対する気持ちの表れです。

私は現在、「世の中を良くする」ことに力を注いでいます。特に人材教育分野に関わっていることもあり、子どもたちのためにより良い未来を切り拓く教育を実現するための社会活動は不可欠なものと言えます。この志を遂げることが、今の私にとって最優先の事柄となっています。

2つ目はお金です。志の完遂をするためにどうしても必要なので、お金の存在は無

脳内シート

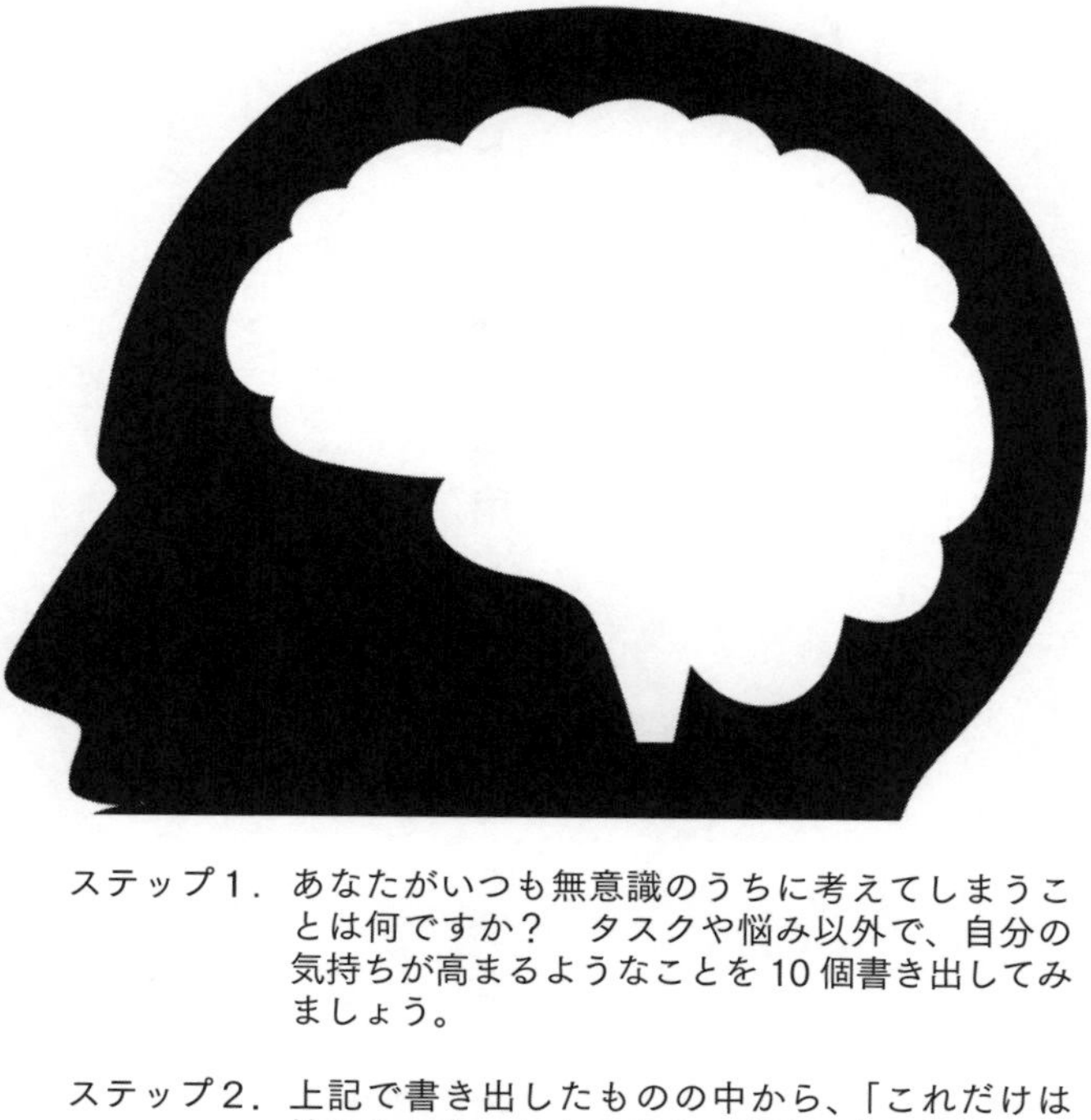

ステップ1．あなたがいつも無意識のうちに考えてしまうことは何ですか？　タスクや悩み以外で、自分の気持ちが高まるようなことを 10 個書き出してみましょう。

ステップ2．上記で書き出したものの中から、「これだけは捨てられない」ものを３つ選んで丸で囲んでください。

視できません。

3つ目の仲間は、同志を意味します。自分と同じビジョンを持ち、一緒に世の中を変えるための事業をしていく仲間を常に求めているのです。

これら以外にも、挙げようと思えばまだいくつか出てきますが、自分にとっての軸となるものはこれら3つにすべて集約されています。

脳内シートを有効に活用するために大切なこと

脳内シートには自分の本当の気持ちを真摯に書く必要があります。ただし、それがうまくできない人も少なからずいます。

よくあるのは、「異性からモテるために痩せたい」と書きつつも、心の中では「美味しいものをたくさん食べたい」と切望しているケースです。

「タバコを止めたい」と書きながら、「食後に吸うタバコほど美味しいものはない」と考えている人もいます。

こうなると、脳内シートに書かれている内容と心の中で思っていることが一致しな

加藤秀視の脳内シート

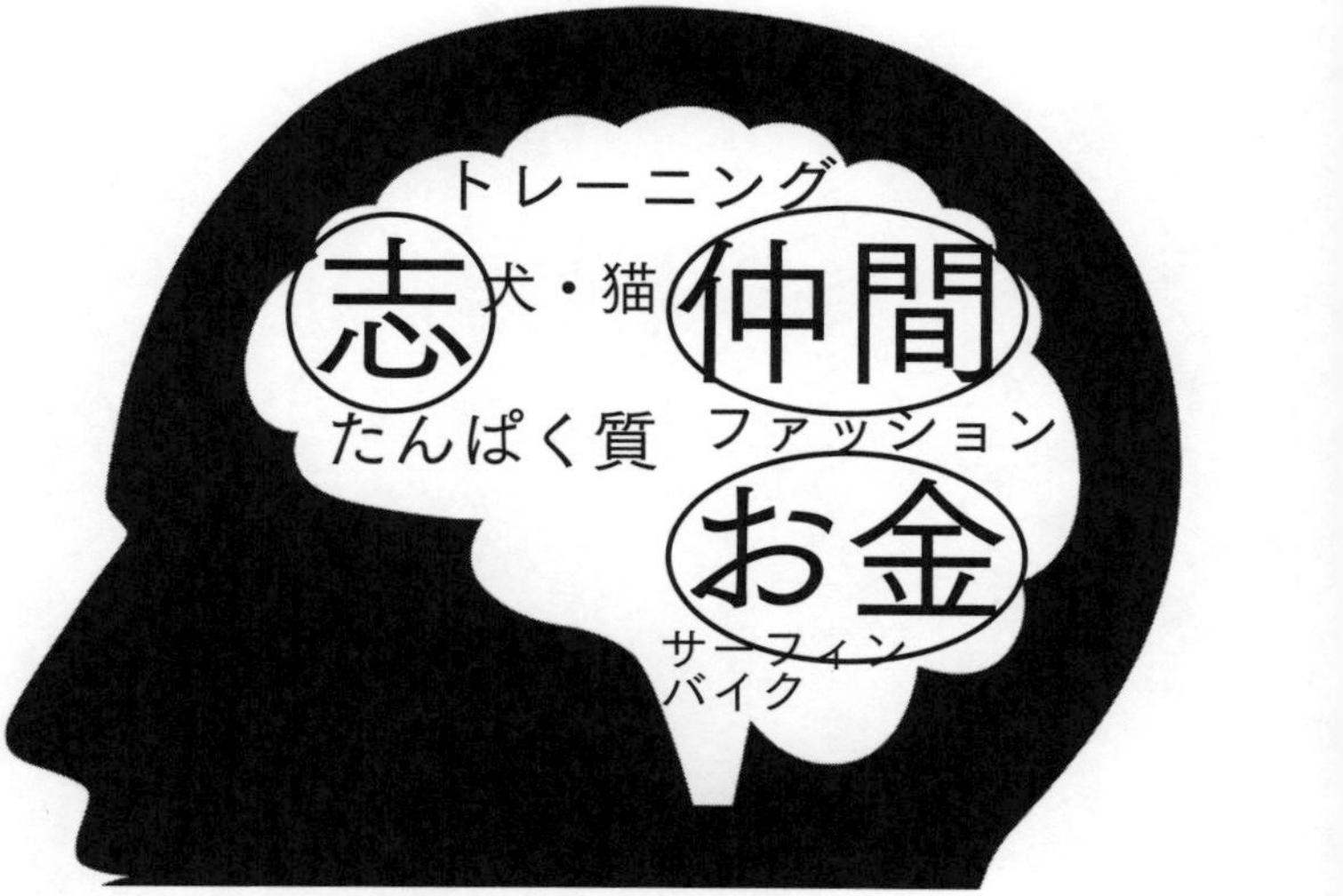

捨てられない3つ

- 「志」
  最優先事項。自分が成し遂げたいことへの気持ちの表れ。
- 「お金」
  「志」の完遂をするために必要不可欠なため。
- 「仲間」
  「志」のために自分と同じビジョンを持つ同士を求めている。
  一緒に世の中を変えたい。

いため、脳内シートはうまく機能しません。自己概念を「見える化」し、自分の価値観がわかる脳内シートを作るには、その内容と自分の気持ちに齟齬《そご》が生まれないように気を付ける必要があります。

脳内シートを作成する際に重要なのは、自分がいつも思っている事柄は何なのかを見つけることです。

例えば若い男性の場合、頭の中で考えている幸せのイメージは、もしかしたらちょっとHな事柄だったりするかもしれません。その内容は頭の中だけで渦巻いているものであり、普段だったら口に出すことすら憚《はばか》られるかもしれません。ただし、仮にそうであったとしても、そうした内容を正直に脳内シートに書き出すのです。

あまり堅苦しく構えずに楽な気持ちで「幸せのイメージ」「心地良いイメージ」を頭の中に思い描いていってください。

まずは、「自分にとっての幸せ」を見つけることが大切です。

「自分はいつまでも変われない」と悩んでいる人にとって何よりも大切なのは、「幸せになる」という価値観を身に付けることです。そこからスタートして、「幸せとは何か」を考えていくといいと思います。

大学生の頭の中

数年前、ある有名私立大学の駅伝部から依頼を受けた私は、個々の選手たちのパフォーマンスを上げるための研修を行いました。

そのとき、選手たちにはいつものように「脳内シート」を作成してもらいました。「いつも頭の中で考えている『目標や夢』をすべて書き出してください」

私が出した指示はこれだけでした。

この大学の駅伝部の監督は、とても厳格なことで知られていました。そんな監督の下でいつも練習しているせいか、選手たちは当初、緊張しながら研修を受けていたようです。

脳内シートを作成する時間が終わり、私は選手たちのシートを回収しました。その後、すぐに目を通すと、どの選手も3つのことを「幸せのイメージ」として書き記していたのです。

「箱根《はこね》駅伝優勝」

「出雲《いずも》駅伝優勝」

「全日本大学駅伝優勝」

申し合わせたように、誰もがこの３つを列挙していました。

「そんなわけ、ないだろう……」

これが私の最初の感想でした。

シートを確認したあと、私は選手たちに結果を発表し、目の前の何人かを指名して彼らの思いを直接確かめました。すると誰もが「本当です」と答えるのです。

しかし、そう答える顔はまったく幸せそうに見えません。それを感じ取った私は、「これは良くないな」と心配になりました。

「彼らは本心をさらけ出していない」

そう直感したのです。


そこで私は、監督にお願いして研修室から退席してもらい、監督不在の状況で再び選手たちに脳内シートを作成してもらいました。

10分後、回収したシートを確認し、先ほどとはまったく異なる内容の「幸せのイメージ」が次から次へと書き連ねられているのを発見します。

「女性にモテること」
「どこかの企業がスポンサーになってくれること」
「いい成績を残して有名になること」
「親に恩返しをすること」

そこには赤裸々な思いが続々と記されていました。

先ほどとの違いはシートの内容だけに留まりません。シートを作成しているときの選手たちの顔がいかにも幸せそうで、ニコニコしていたのです。それを見ているだけで、彼らが偽りのない「幸せのイメージ」を思い描いていることが伝わってきました。

ちなみに、脳内シートに記した内容を、周囲の人に話すことで得られる効果もあります。そもそも、自分の脳内シートの中身は楽しいものばかりのはずなので、それを周囲に打ち明けることでその楽しさがより身近に感じられ、幸せな気分に浸れるのです。

「幸せのイメージ」「心地良いイメージ」は、人によって大きく変わります。大切なのは、一般概念にとらわれることなく、独自のシートを作ることです。それがわかっていないと、自分のための揺るぎない価値観を見出していくことはできません。

駅伝部の選手たちは自分たちの「幸せのイメージ」がわかったことで、どうして駅伝をしているのかが明確になったようでした。駅伝大会の優勝は彼らにとってのゴールであることは間違いありませんが、それが厳しい練習を耐えるための直接の原動力になっているわけではないと認識できたのです。

彼らにとっての原動力は、「女性にモテたい」「有名になりたい」などの単純明快なものでした。これらは決してネガティブなイメージではありません。自分にとってのこうした幸せのイメージを思い描いて、駅伝大会での優勝というゴールを目指していけばいいのです。

私が研修を行った年の冬、この大学の駅伝部は見事、駅伝大会で優勝を果たすことができました。この優勝には、脳内シートによって選手たちが幸せのイメージを明確に描けたことも影響していたはずです。

脳内シートがもたらしてくれる効果は、決して軽視すべきではありません。そこに書かれた内容は、自分を形作り、動かす価値観になり得るのです。その価値観を貪欲に追い求めることで、あなたの行動は大きく変わっていきます。

脳内シートが書けない若者たち

脳内シートを作ることは、誰にとっても楽しいものだと思うのですが、実は何も書けずに固まってしまう人たちもいます。

その傾向は、中学生、高校生の子どもたちに多いようです。学術的な研究をしたわけではないので結論めいたことは言えませんが、もしかしたらこの世代の若者たちは、社会全体の価値観に翻弄《ほんろう》され、自分だけの「幸せのイメージ」を描き切れないでいるのかもしれません。

年齢層を20代まで広げていくと、「幸せのイメージ」を「寝ること」に結びつける人たちが急増します。

実際に話を聞いてみると、10代後半から20代の若い人たちの多くは、いつも寝不足の状態にあるようです。この世代は、学校や仕事のほかに、SNSやゲーム、ネットの動画に夢中になっている人たちが多く、それらに時間を割いているうちに、睡眠時間がどんどん短くなっているようでした。

脳内シートを書いてもらうメリットは、自分の立ち位置がわかる点です。「幸せのイメージ」が単に「寝ること」というのは、冷静に考えて普通ではありません。寝ることは人間にとって非常に大切なことですが、それが幸せのイメージの大部分を占めるのは不自然です。

シートを書いてみて、その不自然さに気付くことができれば、SNSやゲーム、動画にどっぷりとハマっている生活を見直すきっかけにもなります。自分にとっての幸せ、大切にすべき価値観について改めて考える機会を持つようにしてください。これをすることで、脳内シートの内容を少しずつ変えていくといいでしょう。

自分に起きた変化を認識するために、脳内シートの作成は定期的に行うのが理想です。それを続けながら、自分だけの夢、自分だけの価値観を構築していきます。

他人の夢にただ乗りし、それが実現されたときに自分のことのように喜ぶというのも、「幸せ」の1つの形です。それが自分の心地良さと一致するのであれば、悪いことではありません。

いずれにしても、脳内シートを定期的に作成し、自分が本当に望んでいることを常に明確化しておくことが重要なのです。

大切なのは自分に質問を投げかけて具体性を高めること

脳内シートに書き出した事柄が、抽象的なものになってしまう場合もあるでしょう。

私が例に挙げた「志」も、どちらかというと抽象的です。

志といっても、人によって中身は大きく変わります。書き出した本人も、何を成し遂げようとしているのか、明確化できていないかもしれません。

そんなときは、自らに問い掛けをし、その答えを口に出してみることです。

「私は志を持っている」

(それは、どんなものか？)

「今の世の中を良くしたい」

（何を、どう良くしていきたいのか？）

「まずは教育制度を改善し、子どもたちの将来を明るいものにしていきたい」

（そのために自分は何ができるのか？）

「日本の教育制度の改善のために国会に働き掛けを行うと同時に、子どもたちと日々接している教師たちの意識を変えるための活動をする」

このように質問を投げ掛け、答えを言葉として口に出しながら具体性を高めていきます。


「お金」についても同様です。

「お金がほしい」

（どうして？）

「将来が不安だから」

（なぜ不安なのか？）

「今の仕事があまり好きではなく、もしも辞めたら、収入がなくなってしまうので」

（どうして今の仕事が好きじゃないのか？）

「もともとは違う分野の仕事をしたかったのに、妥協してあまり興味のない今の仕事を選んでしまったから」

（これからどうするのが、自分にとっていいのか？）

「おそらくだけど、もともと自分のしたかった仕事をするために再チャレンジしてみるのがいいと思う」

「お金」という事柄も抽象度が高く、その言葉の裏には様々な背景が潜《ひそ》んでいるものです。それだけに、「お金」と書いた自分の心境を細かく分析していくと、思わぬ課題が見えてくるかもしれません。

脳内シートの作成は、こうした副次的なメリットをもたらしてくれる場合もあるのです。

主体性があれば自然と良いサイクルが回っていく

「異性にモテたい」
「お金持ちになりたい」

「痩せたい」

脳内シートに記した内容が、「何だか軽いなあ」と思う人もいるかもしれません。

しかし、それを気にする必要はありません。大切なのは、普段から強く思っている事柄が何なのかを突き詰めていくことです。

また、脳内シートの内容は、自分が突き詰めていくにつれて徐々に違ったものになっていくので、最初はどんなものでも気にしないでください。

最も重要な3つを選んだとき、それぞれの重要度が3分の1ずつになっている場合と、そうではない場合があると思います。この割合も時が経つにつれて、変わっていくかもしれません。どんな割合であっても、これら3つは自分の核となる思いであり、原動力になるものなのでしっかりと心に刻んでおきましょう。

すでに紹介したように、私の思いの1つは「教育制度を改善し、子どもたちの未来を良くすること」です。この志のために日々行動していますが、時にその行動は誹謗《ひぼう》中傷《ちゅうしょう》に晒《さら》されることがあります。

先日も、ある中学生を助けようとしたところ、アンチの人たちからTwitter上で手ひどく批判され、炎上しました。

だからといって、私は自分の志を曲げようとは思いません。

一部の人たちに叩かれようが、「教育の仕組みを変えて、子どもたちを助ける」と心に決めているため、それについてはまったく揺らぎがないのです。

むしろ批判されるたびに、自分の信念の強さを再確認でき、ますますやる気になるくらいです。

もちろん、教育のためとか、子どもたちの未来のためとか、そんなに難しいものでなくても一向にかまいません。「自家用ジェットを手に入れたい」「フェラーリを所有したい」といったものであっても、いつも脳裏から離れずに染み付いているのなら、それが嘘偽りのないあなたの思いであり、主体性から生まれた自分にとっての幸せのイメージなのです。


自分の思いを明確に意識し始めると、人は本当に変わります。

例えば、核となる事柄を実現させるために、自発的・主体的に良いサイクルで行動するようになる人もいます。

主体的になれれば、少しくらいの失敗ではめげません。今の状態を改善したいという気持ちが動機となり、成功するまでチャレンジを続けていけるはずです。自分が脳内シートに書いた言葉には、これほど強い力が潜んでいます。

立ち止まって自らを見つめ直し、心の奥底に隠れている自分だけの価値観に光を当ててみてください。不必要に刷り込まれた価値観から解放されたその瞬間から、あなたは確実に変わっていけるでしょう。

1日1つ、小さな達成体験を積み重ねる

自分の核となる思いが明確になったら、次にそれを実現させるための行動計画を立てていきます。

具体的な方法としては、思いに近づくために「今日1日、自分は何をすべきなのか」を考えていくのです。

これを毎朝、目が覚めたら考えて、その日が終わるまでに必ず実行します。

こうした1つひとつの行動が、小さな達成体験となって積み重なり、最終的に脳内

シートに書いた内容を実現させていきます。

とはいえ、日々の達成体験は、脳内シートの内容とリンクさせる必要はありません。それよりも、その日に決めたことをやり遂げるという姿勢にこだわってください。どんな小さなことでもいいので、毎日1つ、達成をしていきましょう。

例えば、「今日は外食をせずに、家で料理を作って食べる」と決めたら、その日はそれを達成するために行動します。

仕事を終えるのが遅くなれば、家で料理をするのは難しくなるでしょう。そんな考えが頭に浮かんだら、いつもよりも効率的に仕事をこなすために行動を変えようとするはずです。

決めたことがどんなに小さな事柄であっても、それがきっかけとなり、自分の考え方や行動に変化が生じてくると思います。そうした波及効果を狙ってください。

これを毎日繰り返していくと、間違いなく自信が付いてきます。反対に、「今日は、もういいや」という姿勢でいると、自信は失われる一方です。

「自分が決めたことを、最後までやり遂げた」

こうした達成体験が積み重なってくると、「やればできる」という〝万能感〟に似た感覚に触れられるはずです。その感覚を見逃さず、より大きなものにしていきましょう。

他人には真似のできない能力を身に付ける方法

このプロセスを維持していくうちに、自分に対する肯定感は次第に高まり、最初に定めた思いを実現可能なものとして認識できるようになります。その積み重ねが、あなた自身を確実に変えていくのです。

達成経験を日々積み重ねることの大切さを示した寓話《ぐうわ》があるので、ここで紹介しておきます。

ある牛飼いが、生まれたばかりの子牛を馬車の荷台に抱え上げて乗せ、毎日、牧草地まで運んでいました。

子牛だったころは簡単に荷台に乗せられましたが、成長するうちにどんどん体重が増え、抱え上げるのがつらくなっていったそうです。それでも牛飼いは子牛を抱え上げ続けます。

子牛はその後も順調に成長し、とうとう体重数百キロの成牛に育ちました。

一方、毎日、牛を抱え上げていた牛飼いは無意識のうちに鍛えられ、数百キロの牛を軽々と持ち上げられる村一番の力持ちになっていたのです……。


この寓話を聞いたとき、私はすぐに達成体験の積み重ねと似ていると思いました。

牛飼いは「子牛を抱え上げる」という1つのことを達成していくうちに、他人には真似のできない能力を身に付けたのです。

大きな達成を遂げた人たちにしても、何もいきなりその状態に達したわけではありません。そこに至るまでには、小さな達成の積み重ねがあったという点に思いを馳《は》せてみてください。

改めて言いますが、**大切なのは自発的・主体的に動けるかどうかです。**やらされて動いているうちは本物ではありません。自分で選んだ価値観に基づいた行動でなければ、必ずどこかで挫折します。

もしも途中であきらめてしまうようなら、もう一度立ち止まり、自分の中の真の価値観を見つけるプロセスを再実行してみてください。

結局、「できない」のではなく「やりたくない」だけ

そもそも主体性に富んだ価値観に突き動かされた行為であれば、「積み重ねていく」という感覚さえ抱かないかもしれません。「やりたいこと」であれば、同じことを1万回でも10万回でも積み上げられるはずです。

それとは反対に「やらされている」感覚があるなら、おそらく長期間にわたって行動を持続させることは不可能でしょう。

つまるところ、「できない」のではなく、「やりたくない」だけなのです。

ぜひ、このことに気付いてください。

管理教育の中では、多くの子どもたちが「君はできないなあ!」「どうしてできないんだ?」という呪いの言葉を投げ掛けられながら育っていきます。

こうした環境の中で身に付いた刷り込み型の価値観に埋もれているうちは、「自分はできない」との思い込みから抜け出せません。

もう一度はっきりとさせておきましょう。あなたは「できない」のではなく、単純に「やりたくなかった」だけ。にもかかわらず、「できない」と思い込まされてきたのです。

「やること」よりも「やらないこと」を決める

脳内シートの作成を通じて自分の思いがはっきりしてきたら、日々の成功体験を積み重ねていく一方で、「やらないこと」を決めていくといいでしょう。

自分の進むべき方向性がわかった途端、次から次へと「やること」を決めてしまう人が多いのですが、そうではなく「やらないこと」をより明確にすべきです。

面白いことに、**「やらないこと」を決めていくと、「やるべきこと」が浮かび上がってきます。**この両方をしっかりと記録して、自分の進むべき方向をより鮮明にしていくのです。

「やるべきこと」「やらないこと」は人によって大きく異なります。しかし、多くの人に共通して言えるのは、ＳＮＳを「やらないこと」に分類すべきということです。

例えばTwitter。誰かのツイートを頻繁にリツイートしている人がいますが、そんなことに時間を費やす必要はありません。

もしもあなたがインフルエンサーなら、ＳＮＳは重要なツールになり得ます。しかし、そうでないなら、ＳＮＳからはいったん距離を置くべきです。

現在ＳＮＳにハマっている人は、それをすることが自分の思いもしくは価値観に良い影響をもたらしているのか再点検してみてください。

芸能人のゴシップネタや、自分とはまったく関係のない人たちの間で繰り広げられるバトルに一喜一憂することに、どれだけの意味があるのでしょうか。

ほぼ１００％、意味はないはずです。意味のない情報に触れながら1年間過ごすのと、本当に必要な情報を得て1年間過ごすのとでは、驚くほど大きな差が出てきます。

自分が普段、「やらなくてもいいこと」にどれだけの時間を割いているのか、定期的に確認してみるといいかもしれません。

過去1週間を振り返り、1日ごとに自分が何に時間を使ったか書き出していくのです。そこに書かれた内容は、果たして自分の価値観や思いにリンクしているでしょうか。もしも「やらなくてもいいこと」が並んでいたら、次からはそれらをしないように気を付けるのです。

人はとかく、「自分の夢ややりたいことはなかなか叶わない」と口にします。しかし、それは正しくありません。「叶わない」のではなく、やらなくてもいいことばかりに時間を費やして、「叶える」ための行動をしていないだけなのです。

「やらなくてもいいこと」は、探せば身の回りにいくらでも存在します。

社会人であれば、特に仲がいいわけでもない仕事仲間との付き合いで時間を無駄にするパターンもあるでしょう。

自分の思いや価値観につながらないと判断したとき、人からいくら誘われても私は出掛けていきません。それでも最初のうちは、声を掛けてくれる人はいました。しかし今では、誘われることはほぼなくなりました。

もちろん、思いや価値観を共有できる仲間との付き合いならば、喜んで参加します。私に限らず、そこの線引きだけはしっかりとするべきです。

「やること」と「やらないこと」の整理ができてくると、物事を決断するのが速くなります。自分にとって何が大切なのかがわかっているため、すぐに正しい判断が下せるのです。主体的な思いと価値観を持つようになると、こうしたメリットにも恵まれます。

大切なのは未来の変化に焦点を当てること

時間の経過と共に、「幸せのイメージ」は少しずつ変わっていくものです。このときに生じる「ズレ」を大きくさせないためにも、**脳内シートを定期的に見返しながら、過去のイメージと今のイメージに齟齬《そご》がないか確認してください。**

理想的なのは、脳内シートの内容を徐々にバージョンアップしていくことです。最初は本能むき出しの内容でもかまいません。ただしその後は、より具体的な内容に改変しながら、自分自身の成長につながるようなものにするといいでしょう。

とはいっても、見栄を張ったり、格好つけたりするようなことは禁物です。自分にとって嘘偽りのない幸せのイメージを思い浮かべ、それが具現化されたときのことを想像しながら脳内シートに手を加えていきます。

新しい脳内シートができたら、あとはこれまでと同じことを繰り返すだけです。その幸せのイメージに少しでも近づくために、小さな達成を毎日積み重ねていってください。地味だと思うかもしれませんが、これに勝る方法はありません。日々、自分の中で決めたことを達成し、小さなサクセスを作り続けた先に自らがイメージした思いの実現が待っています。

今の状況があまりにもつらいときは、足元を見ないことです。今の苦境に視点を落とすのではなく、1カ月後、2カ月後に必ず起きる変化に焦点を当てましょう。これができれば、今のつらさはきっと乗り越えられます。

ネガティブなことばかりを考えていると、どうしてもそちらに意識が向いてしまうものです。これを阻止するには、明るい未来を思い描くしかありません。脳内シートに書いた内容を思い出し、あきらめずに達成を繰り返してください。

自分の思いや価値観が何であるかがわかっていれば、途中で迷うことはないはずです。今は遠くにある思いの実現というゴールかもしれませんが、そこから目を逸《そ》らさずに進んでいけば、距離は確実に縮んでいきます。
これほど明白な法則はありません。自分を信じて達成経験を積み重ねていきましょう。

第２章

「習慣」を身に付ける

どうして自分が望むように変われないのか

前章では、過去に刷り込まれた価値観を捨て、脳内シートに寄り添った新たな価値観を再インストールする方法について述べました。

価値観を入れ替え、脳内シートを作成すると、様々な場面で変化の兆《きざ》しに気付いていくでしょう。しかし肝心なのは、その変化を自分の望むようなものにし、それを維持できるかどうかです。

自分を変えるために努力をしているのに、いつになっても変化が実感できない……。

実際のところ、こう悩む人がたくさんいます。

変化というのは結果であり、その結果を作っているのは、それまでに積み重ねてきたプロセス（過程）です。このプロセスが間違っていたら、思うような結果（変化）は得られません。

例えば、今の自分が「不幸せ」だとしたら、その状態を作った原因が前段階に必ず存在しているはずです。その原因は、あなた自身が抱えてきたそれまでの価値観と密接に結び付いているものと言っていいでしょう。

「小さいころからどんな習い事や部活をしてきたのか」

「普段、どんなマンガや本を読んできたのか」

「どんな職場環境で働いているのか」

「どういう交友関係を持っているのか」

こうした環境や背景が絡み合い、その人の価値観は作られていきます。

仮に新たな価値観の必要性に気付いたとしても、かつての価値観に影響された自分がこれまでどおりの判断を選択してしまうため、しばしば堂々巡りをしてしまうのです。

この流れを変えるには、判断の基準と選択の仕方を変えていかなくてはなりません。

つまり、幸せな状況を望んでいるとしたら、それを実現するための判断と選択をする必要があるのです。

今の現実を作る「判断」と「選択」

厳しい言い方かもしれませんが、今の自分の現実は、これまで積み上げてきた判断と選択の結果であり、良い状態であっても悪い状態であっても、すべては自分自身が作り上げてきたものなのです。したがって、責任は自分にあります。

Ｐ93の図を見てください。

この図が示すとおり、今の現実は「判断」と「選択」から成り立っています。

もしもあなたが「幸せ」な状態を望むのであれば、「判断」の欄の右側に記されている要素を基準にして判断を下していかねばなりません。

つまり、利己的ではなく利他的に、排他的にならず共創を目指し、敵意を剝き出しにせず貢献を考え、競争ではなく共生を求め、依存は止めて共存し、未達型よりも達成型を目指していくのです。

もう一方の「選択」についても見ていきましょう。日々の生活の中で選択をする際には、弱さではなく強さを意識し、怠惰にならず価値の追求をし、いい加減な気持ち

価値観＝「判断」と「選択」の優先順位

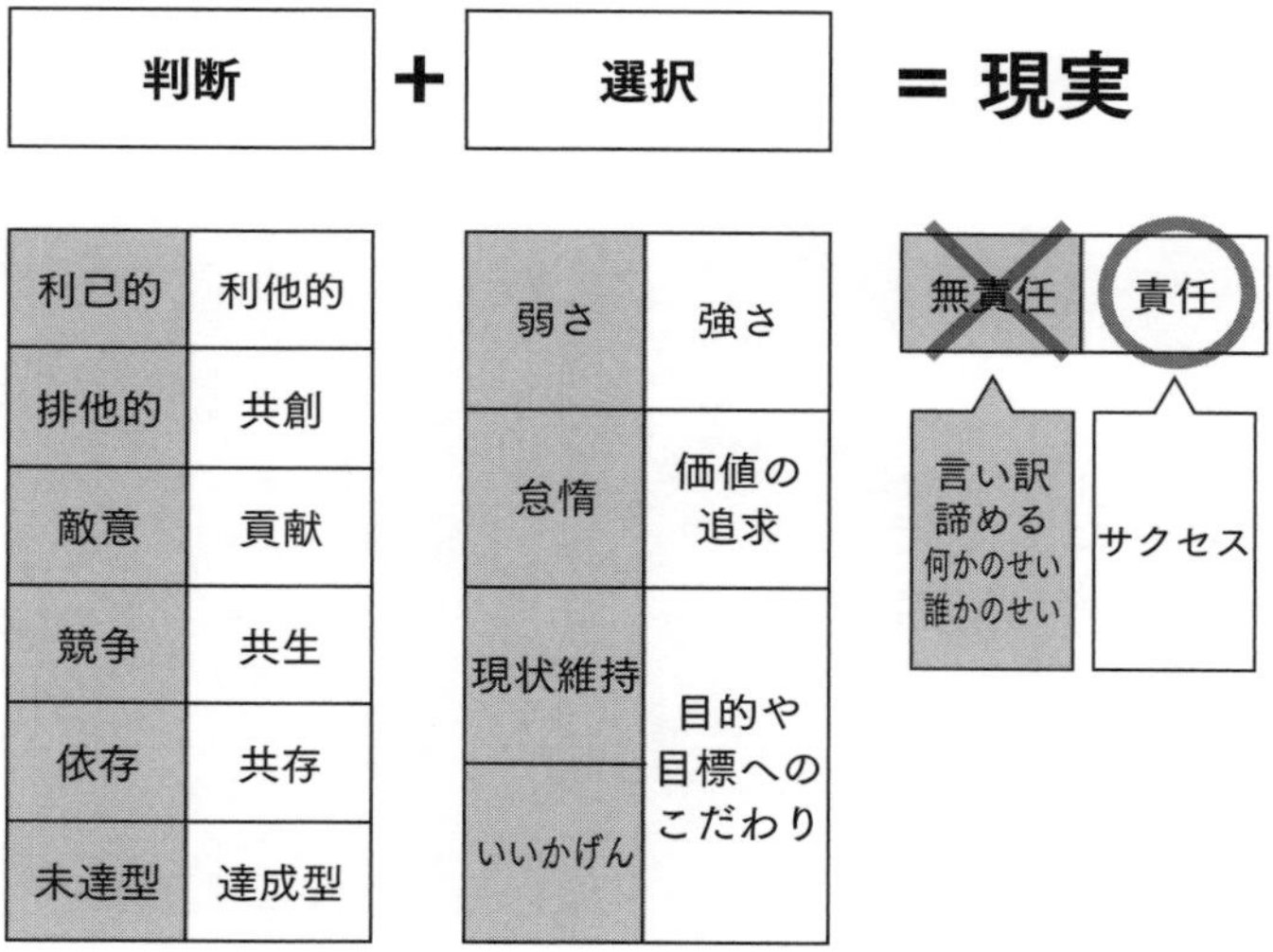

で現状維持に甘んじるのではなく、目的や目標にこだわっていきます。

これらを組み合わせることで、幸せな状態に確実に近づけるのです。

幸せの定義は人によって様々だと思いますが、ここでは一般的に「経済的に満たされている状態」「人間関係に恵まれている状態」「仕事にやりがいを感じている状態」「家庭環境が良い状態」「子育てが順調な状態」といったものを想定します。

ここでは、幸せな状態を望んでいる場合を例としました。しかし、どんな場合でも共通しているのは、判断基準や選択基準の質を上げない限り、現実はちっとも良くならないということです。質を高くして現実が良くなれば、その結果に責任を持てるようになるでしょう。

一方、判断や選択の質が低いと、悪い現実しか得られません。

利己的かつ排他的で、敵意を持ち、競争に明け暮れ、相手に依存し、未達型の傾向が強ければ、結果として人は無責任になり、言い訳をしたり、あきらめたり、自分以外の人や物のせいにし始めたりするでしょう。

給料が低いのも、上司や同僚とうまく付き合えないのも、不幸な境遇にあるのも、究極的に言えば、すべて自分が下した判断と選択の結果なのです。

そうした状況を変えようと思ったら、ここで再び、主体性を取り戻さなければなりません。給料の低い職場がどうしても我慢できなければ、自分で考えて行動に出るべきです。

上司や同僚とうまく付き合えないのは、上司や同僚が悪いのでしょうか。相手のせいにする前に、その職場を選んだのは自分自身であるという意識を持ちましょう。

今の状況を変えたいと思ったら、自分の判断と選択の質について立ち止まって考えてみてください。今の状況は、やはり自分が作り出したものだと気付くのではないでしょうか。

悪い結果が出たときには、まず、自分が積み上げてきた判断と選択の結果だと受け止めることが大切なのです。

そこに気が付けば、対処法も見えてきます。

「どこで判断を間違えたのだろう……」

「あのとき焦って間違った選択をしてしまった……」

「次はもっと冷静になって考えよう……」

こう思えるようになったときから、主体性が芽生えてきます。その主体性を絶やさずに、判断と選択の質を上げていってください。

判断と選択の質は人間関係によって左右される

「判断」と「選択」の質の向上について、さらに話を続けます。

人の判断と選択の基準は、往々にして過去の人間関係が影響を及ぼしているものです。家族や友人との関係は、特にインパクトがあります。

幼いころに家族から受けた影響は、その人の判断と選択の根幹を成していると言っていいでしょう。その後大きくなって友だちと過ごす時間が多くなってきてからは、彼らとの関係が自らの判断と選択のパターンに影響を与えていきます。

ここで再度立ち止まり、自分自身の人間関係を振り返ってみてください。

利他的で、共創、貢献、共生、共存という概念を大切にし、達成型の生き方をしている人たちに囲まれていれば、あなた自身もそうした姿勢を持ち、質の高い判断を下せているのではないでしょうか。また、強さを内に秘め、価値の追求を行い、目的や目標にこだわりを見せる人たちとの付き合いが多ければ、あなたにも同様の気質が備わり、正しい選択をしていると考えられます。

問題は、これとは真逆のケースです。

利己的、排他的、敵意、競争、依存、未達型、弱さ、怠惰、現状維持、いい加減……。こうした傾向の強い人との付き合いが多ければ、間違いなく自分も同じような傾向を持つようになります。当然ですが、そうなると正しい判断と選択は得られません。

序章で「変わりたい」のに「変われない」人の2つ目の原因として「ポジティブな情報の不足」を挙げました。そのことがここでも当てはまるのです。ネガティブな傾向を持つ人に囲まれて生活していれば、ポジティブな情報に触れる機会はどうしても激減してしまいます。

親が排他的であれば、共創や共生、共存は望むべくもありません。恋人が利己的で敵意をむき出しにするような性格だったら、お互いに幸せにはなれないでしょう。

人の悪口ばかりを言っている友人が多ければ、自分も同じようになっていきます。ネガティブな情報ばかりを発信しているFacebookやTwitterにハマれば、その内容に影響されるのは当たり前です。

傍《はた》から見れば悪い状態であるのは明白なのに、その環境にどっぷりと浸かっていると、客観的に状況を見ることができません。情報が圧倒的に足りないので、それが普通だと思ってしまうのです。ネガティブな情報には独特のパワーがあり、人の心の隙間にすっと入り込んできます。

今の自分の状態に疑問を感じたら、取り入れている情報をチェックしてみてください。もしもネガティブな情報に囲まれていたら、意識的にそれらから距離を取るようにしましょう。

自分の中にポジティブな要素を取り込もう

先ほど述べたように、利他的、共創、貢献、共生、共存という概念を心の中に留め、達成型を目指すようになれば、確実に判断は変わっていきます。また、強さを養い、価値を追求し、目的や目標にこだわれば、良い選択ができるようになるでしょう。

そうは言っても、これを一度に行うのはかなり難しいはず。ですから、すべて一度に実行する必要はありません。まずは1つだけ意識して、変えてみるようにしてください。

自分の行動が利己的だなと思ったら、利他的な行動を心がけてみます。簡単ではありませんが、日々の判断と選択の中で常に意識するようにするのです。するると、必ず何かしらの変化を感じ取れるでしょう。その変化を確認できたら、次の概念へと進みます。

こうしたやり方を通してポジティブな要素を少しずつ自分の中に取り込み、判断と選択の質を高めていくのです。

自分を良好な状態に保つ「習慣」

判断と選択の重要性について述べたあとは、日々の習慣についても触れていきます。**自分の状態を良好に保つには、「ルーティン」を3つほど決めるといいでしょう。「ルーティン」とは、行動パターンのことです。**

ルーティンの内容は、自分をポジティブにしてくれるものならどんなものでも可とします。できれば、自分の脳内シートの内容につながるものを選ぶといいでしょう。

ルーティンを決める際に気を付けてほしいのは、ルーティンとタスクを混同しないことです。そこを理解しておかないと、意味のないルーティンに時間を割くという間違いを犯す可能性が出てきます。

例えば、一度決めたからという理由だけで筋トレを始めたとしましょう。好きでもないのにこれを続けるとなると、それはもはやルーティンではなくタスクです。

タスクは実利的な成果をもたらしてくれるかもしれませんが、自分を良好な状態にする方法としては正しいものではありません。ルーティンは基本的に自分の状態を良くするために行うものであり、タスクとはまったく別物なのです。

では、どんな種類のものを選べばいいのでしょうか。例として、私のケースを紹介してみます。

今年に入り、私はストレッチをルーティンとして取り入れました。トレーナーのところに定期的に通うほど力を入れていて、1年以内に180度の開脚ができるようになることを目指しています。

これまでは筋トレを続けてきました。しかし四十代半ばを迎えて背中や肩甲骨周りの柔軟性が低下してきたため、ケガの心配が出てきたのです。ケガの危険を回避するために、筋トレを少なめにしてストレッチを取り入れました。同時にキックボクシングも始めています。

これらのルーティンを新たに行うのは、自分の状態を良好に保つための判断と選択の結果です。数年後に50代に達するまでには、過去最高のコンディションの体を作ろうと計画しています。

もちろん、これはあくまでも私のケースです。運動以外のものをルーティンにしてもまったくかまいません。

例えば、湯船に毎日浸かるルーティンが悪い状態を改善するのであれば、それを持続して行ってください。大切なのは、自分にとって良い状態とは何なのかを見極め、それを実現するためのルーティンを見つけることです。

悪習慣から距離を置く方法

自分の状態を悪くするネガティブなルーティンを繰り返している人もいるでしょう。ネガティブなルーティンとは、いわゆる悪習慣のことです。

「暴飲暴食してしまう」

「夜更かししてしまう」

「ネットやスマホにハマっている」

一度染み付いてしまった悪習慣を止めるのは、そう簡単ではありません。とはいえ、この習慣を変えずに自分を良い状態にするのは不可能です。

悪習慣から距離を置いて、自分の状態を良くする判断と選択をするには、ポジティブなルーティンとの置き換えが大きな効果をもたらします。

例えば、暴飲暴食を悪い状態と感じるなら、テスト的に一度プチ断食を試してみて、その後の良い状態を体感してみるのです。

判断と選択の質を上げるときと同様、一挙にルーティンの置き換えをするのは現実的ではありません。そうではなく、手を付けやすいところから1つひとつ変化を加えていくと実現性が高まります。

その日に起きる変化は実に微々たるものですが、5日、10日、1カ月、半年と時間が経過するうちに、変化は目に見えて大きなものに膨《ふく》らみます。

ネガティブなルーティンからポジティブなルーティンへの置き換えをスムーズに行うには、105ページの図のように両方のルーティンを一度紙に書き出してみることをおすすめします。

紙の左側に、自分が悪い状態と感じている悪習慣（ネガティブなルーティン）を書き記し、右側にはその習慣をテスト的に一度止めてみたときに体感した良い状態を書いていくのです。

文字になった悪習慣を改めて見返すと、「ああ、これをしているから自分は悪い状態を感じているんだな」と、実感できると思います。

このときに、同時に見てほしいのが自分の脳内シートの内容です。

紙に書き出したポジティブなルーティンを眺めながら、それらを実行することが脳内シートに書かれた内容を実現させることにつながるかを確認してみましょう。
ただし、厳密になる必要はありません。方向性として矛盾していなければ、直接的につながっていなくても良しとします。

いずれにしても大切なのは、自分を自分が望む良い状態にするルーティンを選ぶことです。その点に留意しながら、自分を変えていくためのステップを築いていくのです。

自分で決めたルーティンを実際に行い、良い状態への変化を実感できると、脳はその感覚を記憶し、再び良い状態を作れるように働き始めます。その脳の働きに身を任せ、2回、3回とルーティンを続けていきましょう。

良い状態になれるという実感を摑《つか》めたら、途中で止めずに繰り返していくことが重要です。

これを1年間継続できたら、1年後の自分の判断と選択の質は確実に変わっています。その自分に出会えるかどうかは、すべて日々のルーティンにかかっているのです。

自分を劇的に変えるためには、引っ越しをしたり、転職をしたりするなどの大胆な

ルーティンの置き換え

悪習慣 （ネガティブルーティン）		良習慣 （ポジティブルーティン）
・暴飲暴食をしてしまう	→	・プチ断食をしてみて良い状態を感じてみる
・夜更しをしてしまう	→	・早寝してみて良い状態を感じてみる
・ネットやスマホにハマってしまう	→	・ネットやスマホを止めてみて良い状態を感じてみる
・	→	・
・	→	・
・	→	・

環境変化が必要だと考えている人も多いかもしれません。しかし実際は、それまでと同じ生活を送りながら、いくつかのルーティンをこなしていくことで大きな変身を遂げることができるのです。

劇的に変わった自分の姿を想像しながら、毎日のルーティンをコツコツとこなしていってください。日々のルーティンは絶対にあなたを裏切りません。1年後、間違いなく自分を幸せな気分にしてくれるでしょう。

第3章

「強み」を武器にする

「自分の強み」を知らない人が多すぎる

「正しい価値観」および「先入観なしに素直に物事を見られて前向きで心地良い状態を作り出すルーティン」に続き、自分を変えて「人生を切り拓くための要素」として不可欠なのが「自分の強み」です。

自分の強みを見つけ出し、それをうまく活かしていくことで、確実に自分が望む状態に近づいていけます。

残念なのは、「自分の弱み」についてはよく知っているにもかかわらず、「自分の強み」となると何ひとつわからない人が多いことです。

強みというのは、自分自身で見つけ出さない限り、何の意味も持ちません。

例えば、人前で話をするのがすごく上手な人がいたとしましょう。誰が見ても、それがその人の強みなのに、本人に自覚がなければ、その強みは眠ったままです。

「話をするのがすごく上手ですね」

「そんなことないですよ。緊張するし、話をするのはむしろ嫌いなくらいです」

こんな受け答えを繰り返して、自分の強みを否定している人はたくさんいます。せっかく強みを持っているのに、それを直視しようとしないのです。

社会で大きな成功を収めている人は、誰もが自分の強みをよく知っています。知っているだけでなく、その強みを最大限に活かしています。得意なことをしているのですから、もちろん自分にとって良い状態が保てていると言っていいでしょう。

自分の強みが何なのかわからない人は、以前に何かで褒められたことがないかを探ってみてください。もしくは、長い期間にわたってずっと続けているものがあれば、それが自分にとっての強みかもしれません。

幼いころからずっと夢中になっていたり、興味を持っていたりするものはありませんか？

改めて自らを見つめ直し、自分の強みについて考えてみてください。

その一方で、弱みについても認識を新たにしておくべきです。

平均的な「総合力」ではなく突出した「強み」

自分を変えていきたいのであれば、まずは自分の中の「強み」を伸ばして良い状態を作っていく必要があります。

ところが現実の社会では、弱みのほうに目を向けてしまう傾向が強いのです。

典型例として、ここでもまた日本の教育があります。

体育が得意な子どもがいたら、教師はその子の体育の能力を伸ばしてあげるべきなのに、「強み」の部分の引き上げにはあまり関心を示さず、全教科で平均的な成績を残せるように指導するのです。

こうなってしまうのは、総合点で人を評価する教育システムができ上がっているからです。

「ここができてないから、まずはそこを直そう」

強みを伸ばすのではなく、弱みを矯正《きょうせい》することを優先させてしまいます。

このような教育方針の下では、強みを活かして自分の望む状態を作るという発想にはなかなかたどり着きません。

教育現場と実社会に大きな隔たりがあるのも問題です。

実社会に出ると、今度は総合力よりも特定の分野で強みを持つ人材が評価されるという場面が一気に増えます。そのおかげで、多くの人たちが出端《でばな》をくじかれるのです。こうした矛盾はすぐにでもなくすべきでしょう。

弱みの克服にばかり時間を割き、自分の強みを伸ばすことを蔑ろにするのはよくありません。**自分の「強み」を見つけたら、それをどこまでも伸ばしていってください。弱みに気を取られる必要はないのです。**

「自分の強み」さえわかれば、努力は必要ない

自分に備わった強みを見つけるために、自らの資質についても考えてみてください。それをする理由は、通常、資質は強みと直結しているからです。まずは資質を見つけ出し、それを活かせる道に進めば、どんな人でも確実に力を発揮できます。

努力の重要性を語る人もいますが、私はそれほど重要だとは思っていません。自分の資質に合った物事を選ぶことができれば、自発的・主体的に取り組めるため、そもそも努力という考えは必要ないのです。

しかしながら、自らの資質に合った選択ができている人は、実際にはそう多くはありません。

自分の資質がわからないまま何となく仕事を選んでしまった人たちの中には、「どうしても仕事が好きになれない」と言って嘆いている人がたくさんいます。

以前、コーチングをしたことのある女性は、「仕事にやりがいを感じることができない」と言い、深く悩んでいました。

人の助けになりたいという気持ちが強く、訪問看護の仕事を選んだそうですが、実際に働いてみると「人の助けになりたい」という思いは満たされず、転職すべきかどうか迷っていたのです。

話を聞いていくうちにわかったのは、訪問看護という仕事が彼女の資質とマッチしていないという事実でした。

彼女は「努力をすれば好きになれる」と思っていたようですが、努力はいつしかタスクとなり、それが彼女を苦しめていたのです。

私は彼女に、自分の資質を探るように伝え、それを活かせる仕事に就くことが能力を発揮する最善の方法だとアドバイスしました。

アドバイスに従って自分の資質について考え抜いた彼女は、ソーシャルワーカーになることを目指し、社会福祉士の資格を取る勉強を始めたとのことでした。

自分の資質（強み）を見つけ、それを活かすための行動に出られたら、その瞬間から人は自動的に自らが望む状態に変わっていきます。

「変われない」と言って悩んでいる人たちは、自分の強みを知らないがために持って生まれた能力を活かすことができず、自らに足踏みを強いているのです。

しかし、ある意味ではこれも仕方がないのかもしれません。学校では「自分の強み」を見つけることを教えられず、たとえ強みを発揮したとしても、それを伸ばす機会はなかなか与えられないのですから。

残念ながら現実は、できないことや苦手なことといった、弱みをなくすことに目を向けるように教えられているのです。

では、どうすればいいのでしょうか？

その答えは、自分自身で「強み」を見つけ出し、それを活かしていくということ以外にありません。それが的確にできた人たちは、どんな分野に身を置いても活躍することができるのです。

苦手なものを努力で克服しようとするのではなく、自分の強みを探り当て、それに力を注ぐことで自分らしく生きる道を見つけましょう。

なぜ多くの人は「強み」を自覚できないのか

「『強み』を探り当て、それを発揮するのが大切」とは言うものの、大多数の人にとってそれを実行するのは難しいようです。

実際に学生を対象にした講演を行うと、そうした現実がよく見えてきます。

講演の中で、私はよく「自分の強みを知っている人は？」と質問します。その場に1000人の聴衆がいたとすると、手を挙げるのは100人にも達しません。

それとは逆に、「自分のダメなところを知っている人？」と尋ねると、1000人のうち8割くらいが挙手するのです。

また、「自分が嫌いな人は？」と質問しても、多くの人が手を挙げます。

その一方で、「自分が好きな人は？」と聞くと、手を挙げる人はほぼいません。

こうした反応になるのは、やはり管理教育が徹底されてきた証《あかし》でしょう。個々の主体性を伸ばしながら強みを引き出す教育がされていないため、自分のダメなところばかりに意識が向いてしまうのです。

先ほども述べたように、今の日本の学校教育は、基本的に「弱いところを直す」ことに力を入れています。

例えば、国語、数学、理科、社会、英語の5教科があったら、それらの中で得意な教科を伸ばそうとするのではなく、苦手な教科の補強に重点を置きがちです。

5教科のうち3教科が強ければ、その3教科を伸ばしていけばいいと思うのですが、なぜか点数が良くない2教科に目を向け、学力が平均的になるように底上げしていきます。

これが日本の学歴社会の構造と言っていいでしょう。

強みを伸ばしつつ、同時に弱点を直すのなら理解できます。しかし、そうはなっていません。

弱点の克服に偏り過ぎると、強みはどんどん脇に押しのけられるばかりです。こうなると、もはやマイナスでしかありません。**強みは人が変わるためにどうしても欠かせない「武器」なのです。**そのことに教育関係者や親たちは気付くべきでしょう。

強みを軽視しがちな環境で育てば、自信も生まれにくくなります。

この悪循環から脱するには、価値観を入れ替え、自分を良い状態にするためのルーティンをコツコツと実行していくことです。

おもしろいことに、強みが伸びていくと、自分の弱みが個性に変わることがあります。強いところばかりではなく弱みも持ち合わせていると、人間味が出てきて魅力的になれるのです。

平均的になろうとせずに、思い切って殻を突き破り、自分の強みを伸ばすことに力点を置いてみてください。

相手の「強み」を見つける方法

前項で、強みに関する学生たちの反応について述べました。

同じような状況は、実は社会人を対象にした研修の場でも見られます。

管理職研修の冒頭で、40代の人たちに「自分の強みをわかっていますか？」と尋ねると、わかっていない人がほとんどなのです。

強みを伸ばす教育を受けた経験がないのですから、こうした状況も当然の結果なのかもしれません。

50代の管理職の人たちを対象に研修をしても、明確に自分の強みを語れる人が少ないのが現実です。

ここに深刻な問題が潜んでいます。自分の強みがわからない上司には、部下の強みを見つけることができないからです。

こうなると、上司は部下のマネジメントができなくなります。事実、管理職研修で受ける質問の多くは、部下との関係に悩む上司からのものです。

こうした質問に対し、私はいつも、「部下のいいところに目を向けて、そこを伸ばして成長させてあげてください」と答えています。

「この人は丁寧だな」

「この人は誠実だな」

「この人は話を聞くのが上手だな」

最初はこうした簡単な観察から始め、相手の強みを探していきます。

部下が成長して仕事ができるようになれば、楽になるのは上司自身です。

部下の強みを引き出すためには、上司としてアドバイスを与えていくといいでしょう。部下の行動を観察し、「ここが君の強みだと思うんだよね。そこをもっと前面に出していいよ」と助言を行うのです。

このように、相手をよく観察して強みを見つけ、それを伝える作業を繰り返していると、いつの間にか自分の強みについてもわかってくるはずです。**冷静に人を観察する力が養われると、その観察力が自分にも適用できるようになるのです。**

私自身がそれを何度も経験してきました。

かつて非行少年の更生活動をしていた際、それまでさんざん悪さを重ねてきた彼らをじっくり観察し、強みを見つけていったのです。それを彼らに伝えていくうちに、自分自身を観察する機会も無意識のうちに増え、次第に自らの強みを見出せるようになりました。

自分の強みを見つけるのに苦労している人は、まずは周囲の人を観察し、強みを見つけてあげるといいでしょう。その相手は、家族や友人、同僚、部下、または上司でもいいと思います。

強みを見つけたあとは、思い切ってそれを相手に話してみてください。

「〇〇さんと一緒に営業に行ったとき、お客さんとのスムーズなやり取りの仕方に『強み』を感じたんですよね」

具体的な場面で見つけた強みを伝えてあげれば、相手にもよく理解してもらえるはずです。

これを続けていくと、今度は相手が自分の強みを教えてくれるようになります。人の悪口を言い続けていると、相手が自分に対する悪口を言い始めるのと同じで、相手の強みを伝えると、お返しに自分の強みを教えてくれるのです。

人の弱点をあげつらうのではなく、強みに注目することで、様々なプラス効果を実感していきましょう。

その人の「強み」が何に活かせるのかを思い切って伝えてみる

人の「強み」について、もう少し深掘りしてみましょう。

周囲の人を観察し、それを的確に伝えるには、自分の考えをまとめなくてはいけません。それをした上で相手の強みに触れ、どう活かすのがいいのかを示せれば、相手にとってプラスになります。

「○○さんは、難しいことをわかりやすく説明するのがすごく上手なので、新人教育とかを担当すると強みを発揮できるような気がします」

「△△さんは、いつも柔軟な考え方をしていて、周りの人たちがあまり思い付かないような発想をすることが多いので、開発部とか企画部の仕事をすると、強みをうまく使えると思います」

こんな形で具体的に話すのです。

ただし、相手の強みを見つける際には、注意も必要です。人の強みと、いいところは異なります。それを混同してしまわないように気を付けなくてはいけません。

その人の「いいところ」は、あくまでも自分から見て「いいところ」だと理解します。強みはこれとは違い、社会の中で普遍的に通用するものです。

例えば、知識が豊富で人脈もあり、物事を調整する能力がある人は、その強みをプロジェクトマネージャーやプロデューサーとして活かせるでしょう。しかし、こうした強みは、その人のいいところとは別物です。いいところとは、「やさしい」とか「気さく」のような性格的なものだと捉えてください。

人に強みを伝える作業は、自分にとっても無駄にはなりません。社会の中で人の強みが最も発揮されるシチュエーションを考えることで、社会全体を観察する力が身に付くからです。強みが社会とどうつながり、どのように力が発揮されていくのかがわかれば、自分の強みを活かす際にも大いに役立つでしょう。

人の言動を観察することは、本を読むのと同じくらい勉強になります。人の話や行動からは、実に多くのことが学べます。

「いいな」と思ったことは、自分に取り入れてもいいですし、「良くないいな」と感じたら、自分はそれをしないと戒めればいい。

これを繰り返しながら、自分自身を磨いていくのです。

人の強みを相手に伝えることのメリット

人の強みを見つけて的確に伝えることができるようになると、いい人間関係が構築できるという副次的なプラス効果も得られます。

「○○さんは、こういうところが強みだと思う。それを活かしたら、絶対にいい結果が出るんじゃない？　私の身勝手な主観なんだけど……」

そう言われて、気分を害する人はいないはずです。

こうしたアプローチは、同僚や上司、部下、友人だけでなく、家族に対して行ってもいいでしょう。

私の知り合いの女性が、子どもや夫に彼らの強みを伝えたところ、家族関係が様変わりしたと話していました。

それまでの彼女は、相手の弱点ばかりに目を向け、子どもに向かって怒鳴ったり、夫に対して不満を漏らしたりしがちだったそうです。

ところが、家族の強みを探し、それを率直に伝えるようになってからは、怒鳴ったり、不満を漏らしたりする回数が一気に減ったとのことでした。

彼女によれば、自分がスタンスを変えた結果、家族が自分の声に耳を傾けてくれるようになり、家族間の人間関係が驚くほど改善したそうです。

人と対面するときは、ひとまず相手の強みを見るようにする。これが大事です。ダメなところばかり探してしまうという人は、自分に対しても同じことをしている可能性があります。こうした悪習慣は断ち切るべきです。

この世には、完璧な人など1人もいません。にもかかわらず、私たちは他人のダメなところばかりにフォーカスを当てがちです。

完璧を目指したところでそれがかなわないならば、強みの部分を伸ばしてダメなところを補うことを考えてください。

他人の強みを見つける作業は、自分の強みを見つけるためのトレーニングだと受け止めて、それを習慣付けしていくといいでしょう。

それにはまず、ポジティブな気持ちを抱くことです。自分や他人に対して肯定的になれると、自然と強みのほうに目が向きます。逆に否定的な気持ちや自責の念にとらわれているときは、悪いところしか見えてきません。人の心は、そう動くようにできているのです。

価値観、ルーティン、強みの関係

正しい価値観に沿って達成経験を積み重ね、良い状態を作るルーティンを実行し、同時に自分の強みに力を注いでいく……。これができたとき、人は必ず自分の望む状態に変わっていきます。

重要なのは、価値観、ルーティン、強みの3要素をしっかりと組み合わせることです。特に強みは、変化のスピードを加速させるための原動力となり得るので、何が自分の強みなのか常に明確にしておきましょう。

「価値観」と「ルーティン」、そして「自分の強み」には、それぞれ異なる特徴があります。それを理解することも大切です。

まず、価値観とルーティンの2つには、遅効性という特徴があります。一方、強みには即効性という特徴が備わっています。

「価値観」に従って達成経験を重ねたり、「ルーティン」によって自分を自分が望む状態に導いても、実際に変化が表れるまでにはある程度の時間が必要です。そのせいで、変化を実感するまでに息切れを起こし、変わることをあきらめてしまう人がいます。

これを回避するには、即効性の高い「自分の強み」による効力を最大限に活かし、変化が出てくるスピードを速めてください。

少し遅れて価値観とルーティンによる効果が出てくれれば、3つの要素による相乗作用によって確実に変化を起こすことができます。焦らずに、最大限の効果が得られるまで粘ることが大切です。

過去型思考を捨て去ろう

とてつもない力を秘める「強み」ですが、「過去型思考」という大敵がいます。

過去型思考の弊害については、序章でも触れました。

過去のネガティブ体験を思い出すと、誰もが身の縮まる感覚に襲われ、消極的な気持ちになるものです。

その力はとてつもなく大きく、ネガティブな体験の内容が「試験に落ちた」「失恋した」といった誰もが経験するような類のものでも、人の心の中にいつまでも残り続けます。

仮にネガティブ体験の内容がもっと深刻なものなら、当事者に与えるそのインパクトは計り知れないほどの大きさに膨らんでいくはずです。

私の記憶の中にも数々のネガティブ体験が存在します。その体験の1つひとつは、今さら変えることはできません。

しかし、そうした過去にいつまでも縛り付けられていたら、自分を変えることは不可能です。さらに、自分にとって「最大の武器」となる強みを発揮しようと思ったら、過去型思考を完全に捨て去らなくてはなりません。

過去のネガティブ体験の記憶はこれからも残り続けるでしょう。しかし、その記憶に手足を縛られる必要はないのです。

多くの人は「過去は変えられない」と信じていると思います。しかし、これも考えようです。今この瞬間も、1秒後には過去になります。今日という日も、明日になれば過去に変わります。ということは、**今をポジティブに生きていけば、時間の経過とともに蓄積されていく過去の記憶はポジティブなものが占めていくのです。**

こうした考え方を取り入れて、過去型思考を捨て去ってください。

いくら前向きに考えようとしても、失敗体験やつらい思い出にとらわれているうちは、過去が生み出す負の影響力からは逃れられません。

その影響力から完全に解放され、自らの「強み」を引き出すには、過去型思考と決別しなくてはならないのです。

「引きこもりの経験がある」

「罪を犯した経験がある」
「自殺を試みたことがある」
「仕事をクビになったことがある」
「借金をした経験がある」
「離婚をしたことがある」

こうした経験は、すべて今の自分から切り離しましょう。

もしも、これらの問題に今の時点で直面しているのであれば、先ほど説明したとおり、今をポジティブにするように行動を変えていくことです。その小さな行動の変化が、ゆくゆくはいい将来を作ってくれます。

繰り返しになりますが、変化を生み出すには、何と言っても自分の「強み」を発揮することが効果的です。

自らを観察し、強みを見つけてみてください。強みはどんなときでも裏切らず、必ず自分を助けてくれるでしょう。

迷ったときには「脳内シート」に立ち返る

今の自分の状態に疑問を抱いたら、脳内シートに立ち返るようにしてください。その内容を改めて確認し、未来のビジョンを頭に浮かべて立て直しを図ります。

「自分はこの先、何を求め、どうしたいのか」

頭の中に常にある自分にとっての幸せな状態を探り出し、未来のビジョンを実現するには今何をするべきなのか逆算して考えてほしいのです。

この作業をすることで過去型思考からは解放され、未来のビジョンに目を向けることができ、今後の判断と選択の方向性が定まってきます。

立て直しを行う際には、自分の強みという要素も取り込んでください。強みは判断と選択の質を補強し、変化のスピードを加速させます。

脳内シートの内容に重ね合わせ、未来の自分像を思い描いておくことも大切です。

人の行動は面白いもので、「お腹がすいた」と感じると、反射的に体が動いて食べるという行為をします。

このように、食欲に対してはすぐに反応して動けるのに、どういうわけか、自らの人生の欲（思い）に対しては反応が鈍くなってしまうのです。

「今日のお昼は何を食べたいですか？」

この質問には答えられても、「1年後、自分がどうなっていたいですか？」という問いには戸惑ってしまいます。

その理由の1つは、願望の中身があやふやで明確化できていないからでしょう。もう1つは、「思いの実現」を心から信じていないからです。小さな行動を積み重ねていけば必ず望みは叶うのに、それを信じて動ける人は限られます。

「思いはあるけど、自分はどうせできないし、実現もしない……」

せっかく脳内シートを書いたとしても、こんなふうに考えている人が多いのです。そんな彼らと、実際に思いを叶えられる人たちの違いは、究極的に言うと、たった1つしかありません。信じて動くかどうかです。

思いを実現させたいのなら、もう一度、脳内シートに立ち返ってください。再びそれを見ながら、どうしてその思いを実現したいのか再確認してほしいのです。これをすることで、今の自分の行動は変わっていくでしょう。

思いの実現に向かって習慣を変え、強みを発揮して行動すれば、少しずつ自信が湧いてきます。

日々の変化は小さいものかもしれません。しかし1年後に過去を振り返ったとき、その変化は大きなものとなり、思いを実現させている自分がいるはずです。

人間は本来、想像していたことを成し遂げられるダイナミックな存在なのです。

強みは自分を一生にわたって助けてくれる

一度開花した強みは、その持ち主から一生離れません。ただし、その強みに気付いて開花させない限り、いつまでも埋もれたままです。

私もかつては、自分の強みを見つけることができませんでした。むしろ、自分に強みがあるとは思っていなかったのです。

その思い込みは、学歴コンプレックスによって引き起こされていました。高校入学後、4カ月で辞めてしまったため、世の中の人たちは自分よりもすごい人たちばかりだと心から思っていたのです。

そうした過去型思考が私の足を引っ張っていたと言っていいでしょう。その当時は、まさか自分が人に教える立場になるとは考えてもみませんでした。

ところが、非行少年たちの更生活動を行う中で多くの人たちの前で話す機会が増えていくうちに、「加藤さんの話って、本当に勉強になります」と言われるようになったのです。

とはいえ、最初のうちは実感がありませんでした。自分の中では、普段どおりに自分の考えを話しているだけだったのです。

「きっとお世辞を言ってくれているんだろうな」

そう受け取り、本気にしませんでした。

「世の中の人たちは自分よりもすごい人たちばかり」

そう思い込み、「自分はダメ」だと卑下するのが私の価値観だったのです。

しかし状況は少しずつ変わり、若者の更生活動を経て人材育成の仕事へとシフトしていく中で、自分の話すことが人に影響を与えているようだと気付き始めます。

実際のところ、高学歴の人や社会的に活躍している人と比べても、自分は決してダメな人間ではなかったのです。

「それまで背負いこんできた自分の価値観は、まったくのデタラメだった……」

それを実感したことで、「人を動かす力がある」という自分の強みを見つけられました。

自分の強みを発見するのは、そう簡単ではないかもしれません。

そのハードルを乗り越え、最後には強みが見つけられるように、ここまで複数の方法を紹介してきました。

どんな方法に頼ってもかまいません。必ず強みを見つけてください。その強みは、一生にわたって自分を助けてくれるのです。

「努力」というパワーワードには注意が必要

人の行動を観察するのであれば、本来、その人の強みを見つけてあげるべきです。しかし、そうせずに相手の弱点を探し始めると、不思議なことに自分の弱点が次から次へと浮かび上がってきます。知らず知らずのうちに、人は他人にやっていることを自分にも行うようになるのです。

事実、いつも他人を責めている人は、どこかで自分を責めています。

「最近、あいつのこと、やたらムカつくんだよな」

こんなセリフを吐いている人は、自分自身に対してムカついていないか振り返ってみましょう。

わざわざネガティブな面に光を当てる必要はありません。そうではなく、ポジティブな面を見つけ出し、それを伸ばしていくべきです。

強みを引き出し、それを武器に物事に取り組めば、努力せずに自分の力を伸ばしていけます。「何事も努力が必要」と言いますが、苦手なことに努力をしても人は絶対に伸びません。仮に努力をするのなら、強みを見つけることに労力を振り分けるべきです。

そもそも日本では、「努力」という言葉があまりにもパワーワードになり過ぎて、悪影響を与えている向きさえあります。

初等教育の段階から「努力」がやたらと強調されるのが、日本の特徴です。教室内に「努力」と書かれた標語が掲げられていたりもします。

努力をテコにして、苦手な分野の底上げをしようとする場面もよく見られます。こうなると、苦手分野の克服を強いられる子どもたちは、「努力」に対していい印象を持つことができません。

私の小学生時代を思い出すと、体育と音楽が得意な子どもでした。その他の教科は、どれも不得手だったのです。

もしもあの時期に、体育と音楽に重点的に力を入れていたら、少なくともこれらの教科の成績はかなり良くなったでしょう。しかし、初等教育はどの教科も平均的に学ぶように設計されているので、2つの教科だけに集中することは許されませんでした。むしろ「音楽と体育だけでは、社会に出てから通用しない」と言われたくらいです。

とはいえ、私は日本の初等教育を完全に否定するつもりはありません。

特に公共教育について言うと、1000人に1人の天才を生み出すためのものではないからです。1000人のうち、全員ではなくとも、大多数が将来的に自立して生活していけるようにすることが求められています。

つまり、これまでの教育は間違ってはいなかったのです。ただし、状況は刻々と動いています。時代の変化とともに学ぶべきスキルが大きく変わり、今のままの教育を続けていたら、1000人のうち、10人しか独り立ちできないようになってしまうかもしれません。そうした危機感を私は抱いています。

話を元に戻しましょう。

重要なのは、あくまでも強みなのです。弱みの克服に余計な時間を費やす必要はありません。自分の強みに注目し、それをどこまでも伸ばしていくことが大切です。

「ピント外れ」になっていないか確認しよう

自分の強みが見つかったら、次はそれをどう活かしていくのかじっくりと考えてください。

今の会社では自分の強みが活かせないと気付いた人は、転職を考えていいでしょう。もしくは、強みを活かせる部署への異動願を出すという方法もあります。

仕事以外では、友人関係や趣味などのコミュニティとの接し方が変わってくるかもしれません。ネットやＳＮＳを通じて強みが発揮できる場所が見つかれば、活動範囲や付き合う相手に変化が生じることも十分に考えられます。

いずれにしても、自分の強みについて深く知れば知るほど、それをどう活かせばいいのかがわかってくるでしょう。

それと比例して、自分にとって苦手なことも見えてくると思います。

こうした傾向の利点は、無駄な骨折りを減らせることです。苦手なことにいくら時間を掛けても芽は出ないと早い段階でわかれば、徒労感に苛《さいな》まれずに済みます。

自分の強みから努力のピントがずれていれば、どんなに頑張っても成果を出すことはできません。それに気が付かず、「自分には才能がない」「根性がない」と自己否定に走ってしまうのは、非効率でしかありません。また、苦手なことをやらされて、「全然、結果が出てないじゃないか」と叱責《しっせき》されるのも、あまりにも理不尽です。

この話をするとき、私はいつも自分の子ども時代を思い出します。

やりたいことに関しては最後まであきらめずにやり通せるのに、やりたくないことは途中ですぐに投げ出してしまう……。私はそんな子どもでした。

それを見ていた母からは、「おまえは何をやっても中途半端」「いつも三日坊主」「三歩歩いたら忘れちゃうニワトリと一緒だね」と常に言われていたのです。

それを聞かされる私も、いつしか「自分には継続力がない」と思うようになっていました。

その間違いに気が付くまでに、どれだけの年月を要したことか。継続力がなかったのではなく、私はただ、苦手なことをやらされていただけだったのです。

「私、飽きっぽい性格なので、何をしても長続きしないんですよ」

こんなことを周囲に漏らし、自虐的になっている人をたまに見かけます。

本来なら、そう言う前に強みを見つけ、その分野に力を注いでいるか振り返るべきなのです。

主体性を持つと人はどう変わるのか

価値観を入れ替え、脳内シートを作成した上でルーティンを身に付け、自分の強みも見つけることができた――。

この状態に達したとき、いったい何がどう変わるのでしょうか。

まず言えるのは、主体性が上がるということです。

その主体性をしっかりと下支えしているのが、自らの強みと考えてもいいと思います。

主体性を低いままにして、言われたことに従うばかりの人生は、ちっとも面白くありません。

人生は、いかに主体的に生きるかが大事です。

仕事も主体的にやる。趣味も主体的にやる。子育ても主体的にやる。なんでも主体的にできたら、人生は確実に楽しくなります。

主体的に行動するから、学ぶことも反省することも多くなり、成長していくのです。それが「楽しい」ということではないでしょうか。

主体的に行動するからといって、それが直接成功に結び付くわけではありません。むしろ、うまくいかなくてもいいのです。

たとえ失敗しても主体的な姿勢さえ失わなければ、「もう1回チャレンジしてみよう」と思えます。これこそが主体性を持つことの醍醐味《だいごみ》なのです。

会社に行っても主体性がない。恋愛にも主体性がない。すべてにおいて主体性がなかったら、それはまさに囚人のようです。

刑務所での生活では、起床から就寝まで、すべての行動が時間単位で定められています。囚人になってしまったら、主体性のない受け身の生活を有無を言わせず強いられるのです。

あなたの今の生活は、どうでしょうか？　主体性のある生活を送っていますか？　自由な世界に生きながら、囚人のような受け身の生活を送る人生ほどつまらないものはありません。

主体性が持てないと、自らの人生に対して言い訳が多くなりがちです。

「成績が上がらないのは、先生の教え方が下手だからだ」

「自分が幸せになれないのは、パートナーのせいだ」

「仕事で結果が出せないのは、上司が悪いせいだ」

これらはすべて、自分自身に原因があります。「やらされている」から、そういう結果になっているのです。

「主体的にやっているのか」それとも「受け身でやらされているのか」。

この視点を常に持ち、自分の行動を見直してみてください。

主体的に生きていける人は本当に幸せです。人生は、実にあっという間。短い人生を充実させるには、主体性を持てるかどうかがカギとなるのです。

「主体性」と「強み」は切り離せないもの

とはいえ、主体性を発揮しようとすると、最初のころは壁にぶつかるかもしれません。私たちの社会では常に「同調圧力」が働いているので、それに流されてしまうことがあるのです。

「友だちグループの皆が好きだから、自分もそれに合わせよう」

このように、本当はそんなに好きでもないのに、和を乱さないために主体性を脇に追いやってしまいます。

これを克服するには、脳内シートに立ち返るしかありません。自分は何がしたいのか。何がいいと思うのか。自分に正直になって考えてみるのです。

かつての私も、周りの価値観に合わせることがよくありました。

知り合いが高級な時計をしていたら、「自分もしなくてはいけない」と思い、無理して時計を買っていたのです。

興味があったり、好きだったわけではないにもかかわらず高級時計を身に付けていたのは、自分に正直になれずに主体性を押し殺していたからです。

その姿勢を変えることができたのは、「自分にとって一番大切なのは、何なのか」とじっくりと考える機会を持てたからです。それ以来、「周りに合わせるのは止めよう」と心に言い聞かせました。

付き合いの幅が広くなると、周りからのお誘いも増えてきます。

「ゴルフに行きましょう」

「新年会をするので、ぜひいらしてください」

「経営者が集まって懇親会をするので、ご参加ください」

最初のうちは断るのが大変でしたが、今では行きたいものだけに出席しています。

そうしたからといって、今までに問題が起きたことは一度もありません。

主体性と自分の強みは切り離せないものと言えます。自分の強みを知っているから自らの主体性を主張でき、主体性があるからこそ自分の強みに気が付けるのです。周囲に流されて、強みや主体性を犠牲にしてしまうほど残念なことはありません。

自分の強みと主体性にいかに向き合うかによって、人生は大きく変わってくるのです。

第4章

いつでも「変わり続ける」ためにできること

優れた行動力を発揮するために必要な考え方

ここまでは、自分が望む状態に自分を変えるには「価値観」「ルーティン」「強み」が大切だという話をしてきました。

最終となるこの章では、自分が望む状態を継続的に作り出すために必要な概念についてお伝えしていこうと思います。

「最近、少し調子が狂ってきたような気がする」

「現在の自分が望む状態に変わるために改めて軌道修正をしたい」

そんな思いを抱いたときは、これから述べる概念を実践し、まずは心の状態を整えていってください。

この概念は、ポジティブ心理学の世界的権威であるアメリカのマーティン・セリグマン博士によって提唱されたもので、次に示す5つの単語の頭文字を取って**PERMA**と名付けられています。

P（Positive Emotion）
嬉しい、面白い、楽しい、感動、感激、感謝、希望などのポジティブな感情
E（Engagement）
没頭、没入、夢中、熱中という感情と結びついた物事への積極的な関わり
R（Relationships）
援助、協力、意思疎通などになる他者との良い関係
M（Meaning）
社会貢献、利他行為、信仰を通じた人生の意義の自覚
A（Accomplishment）
達成感や自己効力感を伴う成果の創出

セリグマン博士による研究の結果では、ここに記されている状態（PERMA）を実感できたとき、人は優れた行動力を発揮するとされ、実際に多くの人がその効果を認めています。

私自身も、PERMAの力を常に実感している1人です。

例えば、多くの人たちの前で研修をするとき、自分自身がPERMAの状態になっていると、すべてが順調に進行するという体験をこれまでに何度もしてきました。

PERMAのいいところは、先に記したすべての項目に合致していなくてもいい点です。これらのうち、どれか1つでもいいので実感できていれば、気持ちが前向きになり、何らかの効果が得られます。

誰であっても意識的にPERMAの状態に自分を導いていけば、望んだ結果を得られることでしょう。少々退屈な仕事をしているときでも、PERMAの状態を自分の中に作れれば、やりがいを感じられるはずです。

いかなる仕事も、それをこなすには一定の技術が欠かせません。ただし、技術のみに頼っていると、いつかどこかでやる気を失い、息切れを起こしてしまうでしょう。

長期間にわたって技術を活かすには、それを下支えするための心の状態が必要になります。その状態を生み出してくれるのがPERMAなのです。

幸せな家庭を作るPERMA

PERMAの状態で過ごしていると、自分の周りにいる人たちもそれに影響されて、〝PERMAの輪〟が広がっていきます。

例えば、家族の中にPERMAの状態の人がいると、その影響で家族全体が明るくなっていくでしょう。親がPERMAの状態なら、子どもにもそれが伝わっていくはずです。

子どもがPERMAの状態に入ると、自信を持つようになり、エネルギーを発散し始めます。

一方、家庭がPERMAの状態とはほど遠く、親がいつもイライラしていたら、その子どもは自信を持つことができず、エネルギーはいつも低いままです。

そもそも夫婦仲が悪いとその家庭にPERMAの状態はなかなか作り出せません。子どもは険悪な雰囲気をすぐに察知しますし、居心地の悪さを常に感じるようになります。

居心地の良さを感じられるように、5つの項目のうちの1つでもいいので、その状態を家庭内に作るようにしてください。

配偶者との関係を良好にして家族全員に「P」を抱いてもらったり、好きな習い事や遊びを子どもにやらせてあげることで「E」の強化を図ったりと、すぐにできることはいくらでもあるはずです。

5つある項目の中で、たった1つでも満たされていれば、人は幸せを感じることができます。「5つも無理だ」と投げやりになるのではなく、「1つならできる」と前向きに捉えて考えるようにしてください。

私はこれまでに何人ものシングルマザーの相談に乗ってきました。仕事をしながら1人で子育てをしている彼女たちにとって、PERMAの5つの条件をすべて満たすことはとても大変です。彼女たちと話をする際も、私はいつも「どれか1つでもいいので、実現してみてください」と伝えています。

1つトライして、それができたら、別の1つに挑戦してみましょう。2つ達成すると、もっと良い状態を作り出したいという欲が出てきます。そうなったら、さらにもう1つ足していけばいいのです。

たとえ時間がかかったとしても、こうしたいい流れができれば、家庭の状態は良好になります。

大切なのは、引き算ではなくて、足し算で考えていくことです。

この方法は、シングルマザーの家庭だけでなく、あらゆる家庭、チーム、集団に適用できます。

PERMAの状態を作れる人と作れない人の違い

PERMAの状態を常に保っている人たちは、身近なところに数多くいます。

自分にとって心地良い状態を作り出している人は、場合によっては〝自分に甘い人間〟に映るかもしれません。傍から見ると自分の好きなことにしか興味を示さず、それにばかり没頭していたりするからです。しかしながら、その状態こそがPERMAと言っていいでしょう。

注意をしてほしいのは、PERMAの状態を作るために他者への依存を始めてしまうケースがある点です。

例えば、周りにPERMAの状態の人がいる場合、その人に引き寄せられて自分もPERMAの状態を感じることができます。先ほど述べた家庭内の例がまさにこのパターンです。ただし、それに頼り過ぎると、自らPERMAの状態を作るのを怠ってしまうことがあります。

PERMAの状態の人に触れていることで自分もPERMAの状態に浸れるため、その人と毎日のように一緒にいて会話をしているうちにだんだんと依存が始まっていくのです。

ところがあるとき、その人が異動や転職、引っ越しなどの理由で自分の傍《そば》から離れていくと、一気に状況が変わっていきます。自分自身で作り出したPERMAの状態ではないため、急に方向を見失ったような気分になり、茫然《ぼうぜん》としてしまうのです。

これではPERMAの良さがまったく活かされません。そうならないように、PERMAの状態は最終的には自分で作る必要があるのです。

そうは言っても、PERMAの状態を作れていない人は世の中に大勢います。

彼らを見ていてよく思うのは、今とは違う仕事をしていれば……、もっといい友だちに恵まれていれば……、家がもっと裕福だったら……などと次から次へと言い訳をして、PERMAの状態になるのを自ら避けている人が多いということです。これでは、良い状態を作るきっかけは生まれません。

PERMAの状態の欠如は、体調や健康状態にも影響を及ぼします。

普段の生活の中で暴飲暴食などの不摂生を繰り返していれば、PERMAの状態からはかけ離れ、いつか必ず不調をきたすはずです。

いつまでも常に自分の望む状態に変わり続けていくには、自らをPERMAの状態にする必要があります。その視点を見失わないようにしてください。

PERMAの状態を作るために〝推し活〟をするのはアリか？

PERMAの状態をなかなか作り出せないときは、ちょっとした工夫を加えるといいでしょう。例えば、自分の好きな歌手、俳優、スポーツ選手などを応援し、彼らが活躍する姿を見ながら元気をもらい、PERMAの状態に近づいていくのです。

肝心なことは気持ちをハッピーな状態にすることなので、PERMAの状態が作れるのであれば適度に周囲の人や物事に頼っても問題はありません。

自分が推している音楽グループを追いかけることでポジティブな感情に浸れる人は、それを続けることでPERMAの状態を作るといいでしょう。

また、デビューしたてのグループを応援し、彼らが成長していく姿を見届けることができれば、達成感を持てるはずです。自分に合った方法を考えながら、PERMAの状態を作っていくことをおすすめします。

ただし、この方法を取り入れる際には注意が必要です。好きな人やチームを応援するのは、あくまでも「自分をPERMAの状態にするため」であるという前提を忘れないでください。彼らの活躍を見て、ポジティブな力を得ることが目的なのです。

この点をしっかりと認識しておかないと、前述した依存状態に陥り、何かの理由で応援する相手がいなくなってしまったときにそれまで築いてきたPERMAの状態を崩壊させてしまうかもしれません。

ある日突然、有名人が亡くなり、ショックを受けた熱狂的なファンが〝後追い〟をするというケースがしばしばあります。こうした形で自分を壊してしまうことは絶対に避けるべきです。

もしくは、ずっと憧れて追いかけていたスポーツ選手が、罪を犯したり、不道徳なことに手を染めてしまったりという場合もあるかもしれません。

仮にそのような状況になったとしても、過度なダメージを受けないようにする必要があります。

人やチームなどを応援するのは、「自分のため」という冷静さを常に持つようにしましょう。繰り返しになりますが、相手に対する過剰な依存は禁物なのです。

つらいときにはPERMAの項目を読み返そう

PERMAの状態に自分を置くことができれば、人は必ず前向きになれます。

今思っていること、感じていることがポジティブな事柄ばかりになれば、自分の気持ちは希望に満ちたものに変わってくるでしょう。

PERMAの状態を経験したことのないまま悩み続けていると、ネガティブ思考に嵌《はま》っていく一方です。

こうなると、自分の力で人生を切り拓いていこうという気力さえ芽生えてきません。気が付けば、すべてを人のせいにするようになっていきます。

「自分がこうなったのは、配偶者のせいだ」

「自分が苦しいのは、上司のせいだ」

こんな思いにとらわれながら、最終的には「自分はダメな人間だ」と結論づけていきます。本来であれば、自分をPERMAの状態にして「どんな大変な状況でも自分なら克服できる」と自信を高めていくべきなのに、逆に貶《おとし》めてしまうのです。

ネガティブな状態に自分を追い込んでしまうと、「頑張ろう」という活力は湧いてきません。単に気持ちの問題なのですが、悪い状態に陥ってしまうと人は容易にどん底にまで堕《お》ちてしまいます。

この状態から脱するには、やはりPERMAの状態に近付くしかありません。

147ページの5つの項目を改めて読み返し、「前を向こう」「絶対に変われる」と自らに言い聞かせ、気持ちを鼓舞してください。

PERMAの状態になると、目の前が一気に開けてきます。「一寸先は闇」にしか見えなかった将来が、明るいものに思えてくるはずです。PERMAには、こうした心境の変化をもたらす力があります。

この変化をバネにして、「自分がやりたいこと」「自分が理想とする生き方」を頭の中に思い浮かべましょう。その内容は、脳内シートに書いたこととリンクしてくるはずです。それがおぼろげながらでも見えてくれば、自分がどの方角に進んでいけばいいのか徐々にわかってきます。すぐにゴールに到達することは難しいですが、少なくともネガティブな方向には進んでいきません。

自分の中に不幸感を宿らせておくのは、絶対に避けるべきです。その状態では明るい将来は見えてこないでしょう。「自分がやりたいこと」や「自分が理想とする生き方」も見つからないはずです。

ネガティブな状態を変えていくには、PERMAによって与えられた力を使い、歯車をゆっくりと逆回転させていってください。

つらいのは、変化を生み出すまでの間です。その段階を乗り越えて最初の変化を実感できたとき、それまでの苦しさが嘘のように消えていきます。そのあとは、自信をもって前に進んでいけばいいのです。

自殺大国日本を変えるために1人ひとりができること

「自殺の統計」(厚生労働省)によると、2022年、日本国内では796人もの10代の若者が自らの命を絶ちました。

この話をすると、ほとんどの人たちが「いじめ」や「親の虐待」が自殺の理由だと思うようです。

ところが、子どもたちが自殺した理由は、そのどちらでもありません。調べていくと、「何となく死にたい……」「生きている意味がわからない」というあいまいな理由で自殺している人がいるのです。

この事実を知ったとき、私は言葉にしがたい大きな衝撃を受けました。

子どものうちは「生きている意味」なんてわからなくてもいいはずなのに、それを自殺の理由にしてしまうことが信じられなかったのです。

「あなたの命には十分すぎるほどの価値があるよ」

こう語り掛けて、生きていることの意味を教えてあげる大人が周囲にいなかったのかもしれません。

多くの子どもたちが「何となく死にたい……」「生きている意味がわからない」という思いに駆られて自殺していくという状況は、どう考えても異常です。

これに関して言えるのは、自殺をした子どもたちは「自分の望む良い状態」の中にいなかったということです。良い状態で生活できていれば、死のうとは思わなかったでしょう。


子どもに限らず、日本では自殺をする人があまりにも多すぎます。さらに「自殺者」の数とは別に、日本には年間約17万人の「異状死」が発生しているのです。遺書がなければ、ビルから飛び降りたとしても自殺とはカウントされないことから、この中にはかなり多くの自殺者が含まれていると考えるべきでしょう。つまり、実際の自殺者数は公表されている以上に多いと推測できます。日本は実質的な自殺大国なのです。

この状況を改善するには、日本の社会にPERMAの状態を拡散していく必要があります。

1人でも多くの人にPERMAの概念を知ってもらい、ポジティブな精神状態を作ってもらうのです。そうした行動を起こさない限り、今後も自殺者数は高止まりが続くのではないでしょうか。

高度成長の時代は、社会全体に人の心を高揚させる雰囲気が充満し、特別に意識をしなくてもPERMAの状態を作るのは簡単でした。しかし、今は違います。それぞれが自覚を持って自らをPERMAの状態にしていかないと、状況は悪化していくばかりです。

こうした状況に危機感を抱く人たちの中には、地元のお祭りを活性化させることで地域全体をPERMAの状態にしようと活動している人もいます。近所の人たちと触れ合い、楽しい時間を過ごす機会を増やすことで地域社会を良い状態に変えようとしているのです。

多くの人が「賑《にぎ》やかで楽しい」と感じられるイベントは、確実にPERMAの条件を満たしてくれます。こういう方法を地域で取り入れてみるのも、非常に価値があることです。

達成経験の蓄積がPERMAの状態を作り出す

PERMAの状態を作り出すには、「何かを達成するという経験」を地道に重ねていく必要があります。

達成経験というと、ハードルが高いと感じるかもしれません。しかし実際は、どんな小さな達成であっても自分に与える影響としては十分なものとなり得ます。重要なのは、自分がやりたいと思ったことを確実に実現させることです。

「仕事が終わったら、コンビニでアイスを買おう」

たったこの程度のことでいいのです。

ところが、こんな簡単なことでも達成できない人がいます。

「コンビニに寄るのは面倒だ」

「アイスくらいならいつでも食べられるから、今度でいいか……」

こんな言い訳を並べたてて、「やりたい」と思ったことから背を向けてしまうのです。

小さなことさえ達成できない人が、大きなことを達成できるわけがありません。

「留学してみたい」

「新しい仕事にチャレンジしてみたい」

どんなにやりたいと思っても、結局は何もできずに終わってしまいます。

大切なのは、「やりたい」と思ったら、どんなに小さな事柄でも必ずそれを達成する癖をつけることです。

達成経験を繰り返し、それを自分の体に蓄積させていけば、やりたい事柄の大小にかかわらず、達成に向けて主体的に行動を起こせるようになります。

避けてほしいのは、「まあ、いっか」と心の中でつぶやいて、何もやらずに済ませてしまうことです。妥協を続けていたら、それが自分の癖になってしまうでしょう。こうなると、自分の状態を変えることはできません。

一度決めたら、どんなに些細《ささい》なことでも絶対に達成する——。

この姿勢を常に保つようにしてください。

変わろうと思えば、人はどこまでも変わっていける

少々個人的な話になりますが、父親によるDVが常態化している家庭で育った私の子ども時代は、PERMAとはまったく縁のないものでした。そんな私がPERMAの状態を自ら作り出し、今はそれを人に教えるようになっている……。

それを考えると、「人はいくらでも変われる」とつくづく実感します。

PERMAという考え方に出合ったのは、実はそんなに古い話ではありません。人材教育という仕事をする中で、もっといい教育方法はないかと常に模索している最中に、たまたまPERMAの存在を知り、この考え方に引き込まれていったのです。小さなころからすべてのことがうまくいかず、果ては非行に走ってしまった自分……。

どうしてそこまで堕ちていったのかを考えていくと、当時の私にはPERMAが1つもなく、常に悪い状態に自分を追い込んでいたことがわかりました。

PERMAの概念に巡り合ったときは、これまで自分が経験してきた失敗の理由がすべて解き明かされたような気がしたのです。

振り返ってみると、自分を変えようと心に誓ったときから、私はずっと自分にとって「心地の良い状態」を作りたいと願いつつ、占いや風水、瞑想《めいそう》に嵌《はま》ったり、家の玄関先に盛り塩をするなどして試行錯誤を繰り返していました。

そのころはまだPERMAの存在を知る前でしたが、悪い状態から抜け出すためには、少しでも良い状態に自分を導いていく必要があることに心のどこかで気付いていたのでしょう。

今になってはっきりとわかるのは、自分を変えられたのは、良い状態を作ろうと必死になったからだということです。それまでの自分は、良い状態をまったく作れていませんでした。だからいつも失敗をしていたのです。

その後、自分を変えるために私は懸命に学び、いくつもの知識や技術を身に付けました。そして、それらの中でとても大きな効果があったのが、PERMAの状態を作ることだったのです。

過去のことを色々と思い出してみると、数多くの失敗を繰り返す中でも、かろうじて力を発揮できたと思えるのは、いずれも自分が良い状態にあるときでした。PERMAの考え方は、私が探していたものと完全に一致したのです。

PERMAの概念をもう少し早く知ることができたら、遠回りをせずに済んだのかもしれません。そう思ったりもしますが、結果的にPERMAにたどり着いたので、今は十分満足しています。

若いころは周囲に迷惑ばかりかけていた私が、今、こうやって正しい力を発揮できているのは、PERMAの状態を作ることの意味をしっかりと理解しているからにほかなりません。

PERMAが生み出してくれる可能性は無限大であり、際限はないのです。私自身もまだまだ変わっていけるという実感があり、さらなる変化を目指しています。

私の頭の中には、次のレベルの状態に自分を持っていくためのプランがすでにあり、それを達成するには、まだまだ変わっていく必要があります。そのレベルに到達したとき、新たな展開が目の前に広がっていることでしょう。

私が変われたのですから、今この本を読んでいる人も同じく変われます。決してあきらめることなく、新たな自分を生み出していってください。

おわりに

人は、心配や懸念《けねん》を抱えながら生きる動物です。

「将来への不安」

「職場での人間関係」

「自分や家族の健康問題」

「自らの経済的な状況」

「学校や仕事の成績」

考えていったら、本当にキリがありません。

では、心配や懸念を抱えずに生きていくには、どうすればいいのか？

その問いに対する私の答えは、「自分の考え方を変える」ということに尽きます。

本書の中で述べてきたように、正しい価値観を築いて達成経験を積み、良い状態を作るためのルーティンを行い、自分の強みに力を入れていけば、考え方は必ず変わります。

生きている以上、心配や懸念が目の前からすべて消えてなくなることはありません。であるならば、自分の考え方を変えながら、心配や懸念との向き合い方を学んでいけばいいだけのことです。

今いるところに立ち止まったままでは、いつの日か心配や懸念に押しつぶされてしまうかもしれません。

そんな事態を避けるため、本書の内容を参考にしながら自分の考え方を変え、心配や懸念を克服する技術を身に付けていってください。

■

今の日本は、かつての日本とはまったく違う国になってしまいました。

国際的な地位は下がり続け、1人当たりの名目GDPではすでに韓国や台湾に抜かれています。円安の影響もあり、日本の国力の急落は止まるところを知りません。

「インバウンド」という言葉をよく耳にするようになり、外国人観光客の急増を歓迎する雰囲気が日本国内に充満しています。

しかしその人気は、単に「日本が魅力的だから」生じているわけではありません。10年ほど前から始まったこの増加傾向は、〝日本の安さ〟が引き起こしているのです。世界の中で貧しくなっていく一方なのに、日本人の多くはその事実から目を逸らそうとしています。

日本の経済的な沈下と相まって、科学技術の分野でも地位の低下が止まりません。それを象徴するのが、論文数の激減です。

2022年8月の文部科学省直轄機関の発表によれば、自然科学の分野における論文発表数は、韓国が約3800本、スペインが3845本、日本は3780本といった状況になっています。

経済力が落ち、学術分野での影響力も下がっているのが今の日本の偽らざる姿なのです。

OECDの中で日本人の賃金が少ないのは、1人ひとりの強みや能力が発揮できていないことが原因です。そのため国全体の力が下がっています。こんな状況では、賃金が上がるはずはありません。

近い将来、「日本の人件費は安い」と周辺諸国が判断すれば、私たちは安い労働力として外国企業に雇われるようになるでしょう。外国での高賃金を求めて、海外に〝出稼ぎ〟に出掛ける若者も最近では増えているのです。

有能な人材がたくさんいるのに、今の日本の社会構造が足かせとなり、強みが十分に発揮できていない。

これが日本の現状です。

この本には、1人でも多くの人に才能を開花させてほしいという私の願いが込められています。

あなたは自分の素晴らしい能力に気が付いていますか？

周囲の状況に感化され、「自分には力なんてない」と思い込んではいませんか？

人は必ず変われます。

この言葉を信じ、思う存分、自分の力を発揮してください。

本書は書き下ろし作品です。

加藤秀視（かとう しゅうし）

人材教育家／事業家
株式会社CRAYONZ
取締役学長 兼 主席トレーナー

経営者から、アーティスト・プロアスリートまで、20年以上にわたって延べ11万人以上を指導してきた、人材教育のスペシャリスト。

企業研修においても、東日本旅客鉄道株式会社（JR東日本）、株式会社NTTデータ、コカ・コーラ・ボトラーズジャパン株式会社など、500社以上のクライアントに対してトレーニングを提供。


また、非行少年少女の更生活動や、東日本大震災・熊本大震災時の被災地における支援活動など、人権活動や慈善活動にも力を入れる。

その活動が評価され、2009年には青年版国民栄誉賞「人間力大賞」準グランプリを受賞。

同年、「文部科学大臣奨励賞」「衆議院議長奨励賞」を受賞。

2012年には「社会貢献者表彰」を受彰。

2015年には、世界的な社会活動団体『グローバル・ビレッジ・チャンピオンズ』財団のメンバーとして、セリーヌ・ディオンやマイケル・ジョーダンなどと並んで、日本人初となる『チャンピオンズ』に選出される。


「テレビ朝日/スーパーJチャンネル」「フジテレビ/スーパーニュース」「フジテレビ/とくダネ！」などテレビ出演多数。

公式YouTubeチャンネル登録者数は29万人超。

ブックデザイン
菊池 祐

著者エージェント
アップルシード・エージェンシー

構成
野口孝行

DTP
山本秀一、山本深雪(G-clef)

世界一《せかいいち》シンプルな人生《じんせい》を切《き》り拓《ひら》く技術《ぎじゅつ》

2023年5月30日　初版発行

著者／加藤《かとう》 秀視《しゅうし》

発行者／山下 直久

発行／株式会社KADOKAWA
〒102-8177　東京都千代田区富士見2-13-3
電話 0570-002-301(ナビダイヤル)

印刷・製本／大日本印刷株式会社

●お問い合わせ
https://www.kadokawa.co.jp/（「お問い合わせ」へお進みください）
※内容によっては、お答えできない場合があります。
※サポートは日本国内のみとさせていただきます。
※Japanese text only

定価はカバーに表示してあります。

ISBN 978-4-04-112524-3　C0011